国鉄優等列車列伝 第3巻

「はつかり」
「みちのく」

上野〜青森間を駆け抜けた
昼行優等列車の記録

山田 亮 著

松島湾に面した漁村を行くC61牽引の上り「はつかり」。食堂車はオシ17形。「はつかり」の食堂車は運転開始時はマシ35形だったが、のちにオシ17形となった。仙石線（宮城電気鉄道を1944年に国有化）との並行区間で、築堤の下に架線柱が見える。この付近に仙石線の陸前浜田駅がある。◎新松島〜北塩釜信号場　1960（昭和35）年11月　撮影：柏木璋一

.....Contents

第1章
上野～青森間を駆け抜けた
昼行優等列車の歴史

01 青森への鉄道開通から昭和戦前期まで ……… 6
02 戦中戦後の苦難と急行「みちのく」登場 ……… 11
03 客車特急「はつかり」登場とディーゼル化 …… 16
04 「はつかり」電車化と「みちのく」の凋落 …… 24
05 新幹線連絡特急になった「はつかり」 ……… 32

第2章
「はつかり」「みちのく」の写真記録

「はつかり」 …………………………………… 66
「みちのく」 …………………………………… 132

コラム

東北本線経由の急行「八甲田」 ………………………… 23
1970年夏、特急「とうほく」 ……………………………… 30
常磐線経由「はつかり51号」「常磐はつかり」 …………… 36
常磐線経由時代の特急「はつかり」急行「みちのく」
　および接続の青函連絡船、北海道内列車の時刻表 …… 37
東北本線全線電化以降の「はつかり」「みちのく」「十和田1号」
　および接続の青函連絡船、北海道内列車の時刻表 ……… 39
「はつかり」の補助列車、指定席急行「くりこま」……… 130
東北路の多層建てディーゼル急行 ……………………… 156
急行「みちのく」「十和田1号」編成表 ………………… 158
特急「はつかり」編成表 ………………………………… 159

青森湾をバックに走る上り「はつかり2号」（青森発8時15分）485系12両で、最後部は正面非貫通のクハ481形300番台。写真後方右側の山をトンネルで抜けると浅虫温泉街である。この付近は複線化時に路線変更され、旧線は写真後方左側の海岸沿いを通っていた。
◎野内〜浅虫　1976（昭和51）年5月　撮影：太田正行

はじめに

　「はつかり」は漢字で初雁と書く。国語辞典で引くと「その年の秋はじめて北方から飛んでくるカリ」とある。カリは漢字で雁と書き「ガン」の別名で日本へは秋に来て春に北へ帰る渡り鳥である。いわば北国からの使者で「北国への特急」にふさわしいといえよう。

　1929(昭和4)年に行われた特別急行列車の愛称名公募では、投票数一位「富士」、三位「櫻」が東京－下関間特別急行列車の名に採用され、二位「燕」も翌1930年登場の東京－神戸間特別急行列車の名となった。以下「旭」「隼」「鳩」「大和」「鷗」「千鳥」「疾風」「敷島」「菊」「梅」「稲妻」「宮島」「鳳」「東風」「雁」の順で「雁」は最後に滑り込んだ形になっているが、当時から特急にふさわしい名前とされていたことになる。

　1958(昭和33)年4月、同年秋運転開始予定の東京〜大阪間日帰りビジネス特急の愛称公募が行われ、従来の愛称とはまったく違った愛称として「こだま」が当選したが、「さくら」「はやぶさ」「初雁(はつかり)」「平和」が選外佳作として選ばれ、ここでも「雁」は顔をだしている。特急の愛称になる機会をうかがっていたかのようであり、「こだま」とほぼ同時に登場した東北初の特急の名になったのは当然の流れだっただろう。それからは上野〜青森間の北海道連絡特急として、東北新幹線開通後は新幹線接続特急として青函トンネルを抜けて函館まで運転され北国への使者としての使命を果たした。

　「みちのく」は1950年11月、それまで列車番号だけだった急行列車に愛称をつけることになり国鉄本社によって命名された愛称のひとつで「列車愛称第一期生」である。「みちのく」は「道の奥」と書き、「陸前」「陸中」「陸奥」三国の総称で東北地方の別名でもあるが、特急のなかった東北地方にとって上野と東北北部を昼行で結ぶ東北の代表列車の名にふさわしいといえよう。「はつかり」登場後はその補助列車的な性格が強くなったが、上野〜青森間を常磐線経由で結ぶ昼行客車急行として沿線の都市間連絡、東北各地から北海道への連絡列車として多様な使命があった。1965年からは本来の客車急行と上野と盛岡、三陸沿岸の釜石、宮古を結ぶディーゼル急行の2本立てとなったが、1968年10月、「はつかり」が電車化され東北本線経由になってからは北海道連絡の客車急行は「十和田」グループの一員となり、上野と東北各地を結ぶディーゼル急行が「みちのく」を名乗ったが存在感が薄くなった。

　1972年から常磐線経由の昼行客車急行が電車特急に格上げされ「みちのく」を名乗ったが、6往復にまで成長した「はつかり」と比べ「みちのく」は最後まで1往復だった。東北新幹線の愛称名公募でも「みちのく」は最多得票にもかかわらず採用されず、東北の代表列車も晩年は不遇だったことは否めない。本書は「はつかり」「みちのく」の変遷をその前身の上野〜青森間優等列車とともに取り上げた。客車、ディーゼル、電車とその変遷を写真で楽しんでいただきたい。

2022年1月　山田　亮

第1章
上野～青森間を駆け抜けた 昼行優等列車の歴史

上り「はつかり5号」（青森発14時25分）のモハネ582- 4車内。モハネ582のパンタグラフ下の低屋根部分がよくわかる。寝台設置時はこの区画は上段寝台がなく、中下段だけだが、中段寝台は空間が広いにもかかわらず下段より料金が安く、まさにサービス満点で隠れた人気があった。◎1974（昭和49）年7月　撮影：山田 亮

01 青森への鉄道開通から昭和戦前期まで

01-1 東北地方へ鉄道開通

　東北地方の鉄道は日本鉄道会社により建設された。わが国最初の鉄道は1872（明治5）年6月12日（旧暦5月7日）、品川～横浜（現・桜木町）間で仮開業し、同年10月14日（旧暦9月12日）に新橋（のちの汐留）～横浜間が正式に開業した。1874（明治7）年5月に大阪～神戸間が開通し、1877（明治10）年2月には京都まで開通した。これらは政府（工部省鉄道寮）によって運営される官設鉄道（官鉄）であった。

　鉄道網を全国に広げるにあたり、明治新政府は西南戦争に戦費を費やしたため、財政に余裕がなくその財源がなかった。そこで、右大臣の岩倉具視（1825-1883）は鉄道を全国に広める民間会社の設立を提唱し、旧華族や士族、全国各地の大地主など有力者に出資を呼びかけ、1881（明治14）年12月に日本鉄道会社が創立された。岩倉が鉄道会社設立に積極的にかかわった理由は、1871（明治4）年から73年にかけて遣欧使節団（岩倉使節団）で欧米各国を訪問した際、鉄道網の発達に衝撃を受けたからであった。社名を日本鉄道会社としたのは、東京～高崎間、東京～青森間だけでなく、高崎から中山道経由の東西連絡線、新潟～秋田間、門司～長崎・熊本間なども建設予定区間としたため、単なる「東北」鉄道ではなく壮大な「日本」鉄道とした。

　日本鉄道は私設鉄道であったが、官設鉄道と関係が深く、いわゆる半官半民であった。1883（明治16）年7月28日に上野～熊谷間が開通し、同時に上野駅が現在の場所に開設された。高崎までの開通は翌1884（明治17）年5月で、同年8月には前橋（利根川西岸の仮駅）まで開通した。一方、大宮から分岐する仙台方面は1885（明治18）年1月に着工され、宇都宮までは利根川鉄橋区間を除いて同年7月に開通し、利根川は渡船連絡だった。翌1886（明治19）年6月に利根川鉄橋が完成し、宇都宮まで正式に開通した。同年12月に黒磯まで、1887（明治20）年7月に郡山まで、同年12月に塩釜まで開通した。この時点では上野～仙台間1往復（下りの所要12時間20分、上りは塩釜発）、上野～福島間1往復の直通列車（いずれも昼行）が運行されている。

　仙台以北は1888（明治21）年5月に着工され、平坦線のため工事は早く、1890（明治23）年4月に一ノ関まで、同年11月に盛岡まで開通した。盛岡以北は奥中山付近の高原を越えるため、40分の1（23.8‰）急勾配があるなど難工事であったが、1891（明治24）年9月1日に青森まで開通し、東北本線は全通した。大宮以北の着工以来6年半、東海道本線（1889（明治22）年7月全通）に遅れることわずか2年での全線開通は、当時としては驚異的な速さであったが、後進地域であった東北地方開発計画の一環で、北海道の幌内鉄道（1882（明治15）年11月、手宮～幌内間開通）と同様に開拓鉄道の使命があった。盛岡近郊の小岩井農場は、日本鉄道の工事視察に盛岡を訪れた「日本の鉄道の父」井上勝（1843-1910）が岩手山麓に広がる荒野に注目し、岩崎彌之助（1851-1908）、小野義眞（1839-1905）とともに開拓を決意し、その3人の頭文字をとって「小岩井」としたことで知られている。

01-2 上野〜青森間26時間25分

　1891 (明治24) 年9月1日、東北本線全通により上野〜青森間に直通列車が1往復登場した。その時刻は次のとおりである。

（下り）
39列車、上野 14:45 〜仙台2:27/2:40 〜青森17:10
（上り）
40列車、青森9:45 〜仙台0:15/0:30 〜上野12:25

　この直通列車は仙台が深夜で、ボギー車1両に4輪車（2軸車）4両程度の編成だった。暖房もなく、上等車の乗客には湯たんぽが貸し出されたが、中等車、下等車ではひざ掛け毛布が貸し出された。速度も遅く、駅間距離も長く、30分くらい停車しない区間もあり、夜間や夜行列車では不安で恐ろしい感じがしたという。ほかに上野〜塩釜間、上野〜福島間、白河〜盛岡間、仙台〜尻内（現・八戸）間などに昼行の区間列車が運転された。1897 (明治30) 年12月から上野〜青森間直通列車は2往復となったが、普通列車で、深夜時間帯は小駅を通過しただけであった。

01-3 常磐線の建設

　常磐線の日暮里〜岩沼間のうち、最初に開通した区間は友部〜水戸間で、1889 (明治22) 年1月に水戸鉄道として開通し、小山で東北本線に接続した。水戸鉄道は開通3年後の1892 (明治25) 年3月に日本鉄道に買収された。
　水戸鉄道（水戸線）は距離的に遠回りであるため、土浦を通る路線が建設され、1895 (明治28) 年11月に土浦〜友部間が開通し、翌1896 (明治29) 年12月に田端〜土浦間が開通した。
　茨城県北部から福島県南部（現在のいわき市）にかけての一帯には常磐炭田があり、江戸時代から採掘が行われていた。常磐炭田の石炭を東京方面に運ぶため、水戸まで開通していた鉄道を炭鉱地帯へ延伸し、水戸〜平（現・いわき）間に「常磐鉄道」の建設

運動が起った。それに対して当時の日本鉄道は地元の要望を受け入れ、水戸〜平〜岩沼間の海沿いに鉄道を建設することを決めた。これは常磐炭田の石炭輸送だけでなく日本を縦貫する鉄道の一環であり、勾配の多かった東北線のバイパスの意味もあった。
　水戸以北は海岸沿い（海が見える区間は一部であるが）に建設されたが、おおむね平坦線で、水戸〜平間が1897 (明治30) 年3月に開通し、翌1898 (明治31) 年8月23日、最後の久ノ浜〜小高間が開通し、田端〜岩沼間が隅田川線、土浦線、磐城線として全線開通した。1901 (明治34) 年11月、この3線は海岸線と改称されたが、国有化後の1909 (明治42) 年10月に常磐線と改称された。

01-4 上野〜青森間の急行列車が登場

　1906 (明治39) 年3月、鉄道国有法が公布され主要私鉄が買収されることになり、順次国有化されて鉄道作業局（逓信省の外局）に統一された。同年11月、日本鉄道は国有化され、同年12月には山陽鉄道（→山陽線、播但線など）が国有化された。
　長距離旅客列車を速達列車として到達時間を短縮するためには、中長距離の主要都市間にまとまった旅客需要があること、通過駅に対しては新たに区間列車を運転することが必要である。急行料金を徴収

する急行列車の最初は1906 (明治39) 年4月、東海道線新橋〜神戸間の最急行1往復（昼行、1・2等編成）、急行2往復（夜行、1・2等編成と3等編成が各1往復）であるが、「天下の東海道」だけに東京〜名古屋、関西間の直通旅客が多く、割増料金を払ってでも速く行きたいとの需要がかなりあったことになる。
　東北地方では、急行料金を徴収する列車の運転は遅れた。東北地方は人口も少なく、第一次産業以外

の見るべき産業もなく、輸送需要は旅客、貨物ともに東海道本線、山陽本線に比べ少なく、多くの列車がいわゆる混合列車で、客車だけの編成は上野〜青森間直通列車くらいであった。1901（明治34）年10月、上野〜青森間直通列車2往復の停車駅を整理して最短21時間50分運転になったが、「急行」とは呼ばれていない。

日露戦争前年の1903（明治36）年7月、上野〜青森間直通列車2往復が「急行」となったが、急行料金不要で最短20時間40分だった。同年8月からこの2往復の急行に1等寝台、2等座席、食堂の「欲張った」合造車が連結されている。

01-5 常磐線経由の急行が登場

日露戦争後の1906（明治39）年4月、上野〜青森間に常磐線経由の急行が登場し、本線経由の急行と合わせて「急行」は2往復となったが、料金不要であった。最速は常磐線経由801列車の19時間15分であった。鉄道国有化後の1908（明治41）年3月、当時の帝国鉄道庁（1907（明治40）年4月、鉄道作業局から改称）により青函連絡船が運行開始され、本州〜北海道間を鉄道と連絡船で一貫輸送する体制が整い、上野〜青森間の列車は北海道連絡の使命も併せ持つようになった。

1909（明治42）年12月、常磐線経由の急行801、802列車の上野〜平（現・いわき）間に急行券が発売され、翌1910（明治43）4月、東北本線経由の急行201・202列車の上野〜郡山間に急行券が発売された。これは地域の負担能力を考慮したものであるが、東京（上野）に近い区間での近距離、中距離の乗客を制限し、区間列車に誘導する意図もあった。

時期は前後するが1908（明治41）年12月、帝国鉄道庁と逓信省鉄道局が廃止され鉄道院となった。翌1909（明治42）年10月には鉄道院告示で「国有鉄道線路名称」が制定され、大区分「東海道」には小区分として東海道本線および支線が属し、大区分「東北」には小区分として東北本線と支線が属した。それまでの水戸・平経由の海岸線は常磐線となり、東北本線の支線という扱いになった。

上野〜青森間急行列車（本線経由、常磐線経由各1往復）の急行券発売区間は順次北に延長され、青森まで全区間が急行券発売区間になるのは1917（大正6）年6月のことで、この時点での時刻は次のとおりだが、上野〜青森間所要時間は17時間ちょうどで夜行にならざるを得なかった。

（下り）
急行203列車（東北本線経由）上野13:00〜仙台発21:20〜青森6:00（1等寝台車、洋食堂車連結）
急行801列車（常磐線経由）上野22:30〜仙台発6:40〜青森15:30（1・2等寝台車、洋食堂車連結）
（上り）
急行802列車（常磐線経由）青森13:00〜仙台発21:54〜上野6:00（1・2等寝台車、洋食堂車連結）
急行204列車（東北本線経由）青森23:30〜仙台発8:17〜上野16:30（1等寝台車、洋食堂車連結）
このほか、上野〜青森間の長距離普通列車が本線経由2往復、奥羽本線経由2往復あった。

01-6 東北に及ばなかった 1930（昭和5）年ダイヤ改正

1920（大正9）年6月、鉄道院は鉄道省となり、鉄道省の路線は省線と呼ばれるようになったが、国の鉄道という意味で「国鉄」という呼び方もこのころからあったようである。時代はいよいよ昭和に入る。昭和初期は不況時代で鉄道の乗客も減少傾向にあったが、スピードアップや大型機関車（C51、C53、D50形など）、鋼製客車（オハ31系、スハ32系）の登場、自動信号機の導入など、車両や設備の改善は目覚ましかった。その象徴が1930（昭和5）年10月のダイヤ改正で、特急「つばめ」が東京〜神戸間に登場し、

東京〜大阪間を８時間20分で結んだ（当時は御殿場線経由）。

　東北地方では上野〜青森間の急行は２往復のままであり、所要時間は最短15時間30分で、1917（大正６）年時点の17時間と比べそれほど短縮されていない。この1930（昭和５）年10月改正は画期的ダイヤ改正と言われているが、その恩恵は東北地方に及んでいるとは言い難かった。当時は東海道本線、山陽本線は二大幹線と言われ、「特甲線」とされ線路規格も高く、東北本線などは地方幹線の位置づけで、優先順位が低かったのであろう。この時点における急行の時刻は次のとおり。

（下り）
急行103列車（東北本線経由）
上野14:30 〜仙台21:43/21:49 〜青森6:20
（２等寝台車、和食堂車連結）
急行201列車（常磐線経由）
上野22:30 〜仙台7:00/7:08 〜青森16:10
（１・２等寝台車、洋食堂車連結）

（上り）
急行202列車（常磐線経由）
青森13:30 〜仙台22:22/22:30 〜上野6:50
（１・２等寝台車、洋食堂車連結）
急行104列車（東北本線経由）
青森23:00 〜仙台7:19/7:25 〜上野14:30
（２等寝台車、和食堂車連結）

　そのほか、上野〜仙台間に快速運転を行う昼行の準急行列車が１往復登場し、急行なみの所要時間で料金不要のサービス列車だった。
（下り109列車）上野9:20 〜仙台16:38
（上り110列車）仙台13:00 〜上野20:10

　1932（昭和７）年４月、関東大震災で焼失した上野駅の復旧工事が完成し、新駅舎が営業開始した。以来90年、当時の駅舎は改装されているが現役で、「こころの駅」として多くの人々に親しまれている。同年９月から急行201・202列車に３等寝台車が連結された。

01-7 東北地方の冷害と困窮

　日本は日露戦争の結果、満州（現・中国東北地方）の権益を手に入れ、満州への経済的進出を図っていたが、1931（昭和６）年に満州事変が勃発、翌1932年に傀儡（かいらい）国家「満州国」が成立し、日本国内はこれまでの不況から、重化学工業を中心に生産設備の拡張が行われ「満州景気」が到来した。一方、農村では農産物や生糸の価格低下で大きな打撃を受けた。とくに東北地方では冷害の影響で大凶作となり、農民は飢えと寒さに苦しめられ、欠食児童や女子の「身売り」が続出した。

　1978（昭和53）年12月３日付の交通新聞に「東北の駅弁坂、食堂車に群がる子供たち」と題した悲しい一文がある。「昭和恐慌時代といわれた昭和２年から９年にかけて、東北の凶作地帯は特に大きな影響を受けた。東北本線沼宮内駅（現・いわて沼宮内駅）に急行が停まると駅ホームの食堂車の前に残飯をもらう村の子供たちが殺到したという。東北本線には急な坂道があって、どの列車も速度を落とすが、この坂道へ子供たちが群がって手を振り、列車の窓から投げ落とされる乗客たちの駅弁の残飯や食堂車のボーイが投げるパンなどの切れ端を奪い合った。乗客たちは飢えた子供たちを哀れに思いつつ手つかずの駅弁を一人で２個も３個も投げ落としたので、誰言うともなくこの坂道を駅弁坂と名付けたとの話がこの土地の語り草となっている」。

　1970年代後半に毎日新聞社から刊行された写真集『一億人の昭和史』にも一戸駅で撮影された貧しい服装の子どもたちが残飯を求めて急行の食堂車（スシ37形）に群がる写真が掲載されている。筆者がこの写真を見たときの衝撃は計り知れない。後年「Ｄ51三重連」や「ED75重連」で有名になった奥中山〜小繋間を頂点とする急勾配区間には、このような悲しい歴史が秘められている。

01-8 上野〜青森間昼行急行の登場

当時の鉄道省にとって、次の目標は東京（上野）〜札幌間24時間であった。1930（昭和5）年11月15日、「超特急」試運転が青森〜平（現・いわき）間で行われた。C51が試運転列車を牽引し、当時の新聞は青森を8時01分に発車し、青森管内では時速65マイル（時速はなんと104km／h）、急勾配区間でも時速33マイル（時速52km／h）で飛ばし、盛岡に11時22分に到着し、振動も従来の急行と変わりなく「大成功」と報じている。この速度は当時の急行の同区間4時間30分前後よりはるかに速い。この「東北超特急」は翌1931（昭和6）年9月の清水トンネル開通、上越線全通に伴うダイヤ改正時に実現する予定であったが、30kg軌条（レール）の37kg化の工事が遅れ実施は延期された。不況時代でもあり、東北には予算が回ってこなかったのであろう。

1934（昭和9）年12月、丹那トンネル開通に伴うダイヤ改正が行われ、東京〜大阪間が特急8時間運転となり、昭和戦前期の鉄道黄金時代が到来した。その恩恵は東北にも及び、上野〜青森間に初の昼行急行が東北本線経由で登場して上野〜青森間を13時間30分（下り）で結び、青森で青函連絡船夜行便に接続した。同時に常磐線経由の夜行急行も同区間を12時間45分（下り）で結び「上野〜札幌24時間台」が実現した。1934年12月改正時における上野〜青森間急行の時刻は次のとおりで、東北昼行青函夜行と東北夜行青函昼行の2パターンが出現した。接続する青函連絡船、北海道内列車の時刻も併せて記す。

（下り）
上野10:00（急行103列車、東北本線経由）仙台16:34/16:40 〜 青森23:30/0:30（青函3便）函館5:00/6:00（急行3列車）札幌12:14
上野19:00（急行201列車、常磐線経由）仙台0:50/0:56 〜 青森7:45/8:20（青函1便）函館12:50/13:20（急行1列車）札幌19:40（編成の一部を長万部で分割、室蘭本線経由急行201列車となり稚内港着6:48）
（上り）
札幌16:55（急行4列車）函館23:37/0:30（青函4便）青森5:00/6:00（急行104列車、東北本線経由）仙台12:39/12:45 − 上野19:05

札幌9:50（急行2列車、長万部で稚内港発22:15の室蘭本線経由急行202列車を併結）函館16:23/17:00（青函2便）青森21:30/22:00（急行202列車、常磐線経由）仙台4:30/4:35 〜 上野10:25

この昼行急行103・104列車こそが、戦後の「みちのく」の始祖と位置づけられよう。『西尾克三郎ライカ鉄道写真全集No.IV』（プレスアイゼンバーン刊）に宇都宮に到着する流線形C55形蒸気機関車が牽引する下り急行103列車の写真が掲載されている。客車はスハ32系主体で、青森方から3等車5両−食堂車−2等車2両−郵便車−荷物車の順である。上野発着の東北本線、常磐線、上越線、信越本線の列車では鋼製客車は急行列車に限られ、普通列車はほとんどが木造客車だった。普通列車でも鋼製客車だった東京発着の東海道線列車との格差は歴然としていた。上野〜青森を直通する普通列車は、この改正時に東北本線経由3往復（うち1往復は2・3等寝台車と和食堂車を連結）、常磐線経由1往復、奥羽本線経由1往復である。

常磐線経由の夜行急行201・202列車は北海道および当時日本領だった南樺太（現・サハリン）への連絡列車で、特別室付き2等寝台車（マロネ37480形、のちのマロネ38）を翌1935（昭和10）年10月から連結した。1934（昭和9）年12月改正時に東海道本線、山陽本線以外の1等車が廃止されたが、親任官である旧陸軍の師団長（弘前、旭川に在勤）のため、1等寝台と同等の特別室（4人個室）のある寝台車が必要とされたからである。この上野〜青森間夜行急行は速いほうの上り202列車が12時間25分運転（60.4km／h）で、特急「富士」の全区間表定速度59.5km／hより速く、実質的な「東北特急」だったが特急にはならなかった。東北、北海道は第一次産業中心で所得水準が比較的低く、特急料金を負担できないと判断され急行となったと、当時を知る元国鉄幹部職員は筆者に語った。

10

02 戦中戦後の苦難と 急行「みちのく」登場

02-1 戦時中の上野～青森間列車

　1937(昭和12)年7月、盧溝橋事件を契機に始まった日中戦争(当時は日華事変、シナ事変などと呼ばれた)は、解決の見通しがつかず泥沼化し、戦死者も出ていたが、日本国内は「戦争景気」で経済活動は活発で、軍需産業などの出張客や好景気で懐の温かくなった行楽客が急増し、中長距離列車の混雑は激しくなり、急行列車に対して近距離客乗車禁止などの措置がとられた。

　1940(昭和15)年10月の全国的ダイヤ改正から、上野～青森間の夜行急行(常磐線経由)が増発され2往復となった。1941(昭和16)年12月の日米開戦で太平洋戦争(当時は大東亜戦争と呼ばれた)に突入したが、いわゆる軍務公用客や軍需産業などの用務(出張)客は増え、兵員・兵器輸送の軍用列車も多数運転された。軍用列車はあらかじめダイヤに設定してある臨時(予定臨)貨物列車の時刻で運転されたが、その運転は直前まで現場には知らされなかった。関門トンネル開通に伴う1942(昭和17)年11月改正は、戦争遂行のための改正で貨物列車が増発されたが、東北本線、常磐線では北海道炭輸送の貨物列車が増えたため、旅客列車は輸送需要はあるにもかかわらず増発されず、急行は東北本線経由の昼行1往復、常磐線経由の夜行2往復のままであった。青函連絡船時刻は米軍の潜水艦攻撃を避けるため、時刻表上では省略となっている。

　日米開戦後、国内貨物輸送は船舶の軍事輸送への転用や沿岸航路への米軍潜水艦の攻撃を避けるため、船舶から鉄道への大幅な転移が行われた。軍需工場の動力源である石炭輸送も、船舶から鉄道に移った。北九州で産出する石炭は阪神工業地帯まで約600kmを山陽本線で運ばれたが、大部分が複線であった。北海道で産出する石炭は京浜工業地帯まで1,000km以上を青函連絡船経由で運んだが、宇都宮、平(現・いわき)以北は仙台付近を除いて単線のため、日本海縦貫線、上越線経由でも輸送された。青函連絡船でも貨物船(貨車渡船)が次々と建造された。

　昭和戦前のジャーナリスト清沢洌(1890－1945)が記した『暗黒日記』に次のような記述がある。「(昭和19年2月)19日の朝、上野を出発、汽車3時間遅る。急行列車が遅れるのは普通の現象だ。この日本の大動脈が単線なのである。鉄道国有の是非がここに現る。戦争前に日本はせめて運輸機関の完成を期すべきだった。汽車遅着のため指定の青函連絡船の第一便に間に合わなかった。たまたま運輸整備?のために一般乗客を1日1便くらいしか運ばず。青森駅に午前2時半ごろより午後1時半まで待たざるを得なかった(中略)函館に午後6時近くに到着」。清沢は逓信省(戦後の郵政省)の依頼で北海道、樺太に講演に行くため、上野発9時の急行101列車の2等車に乗車、定刻なら青森着23時47分で、約3時間延着したことになる。単線のため随所で運転停車し、雪害で遅れた上り貨物列車を待ち合わせたことが理由だろう。これが戦時下日本の交通機関の貧弱な実情であった。

　1944(昭和19)年4月、貨物列車の増発で上野～青森間の昼行急行列車は廃止され、この改正以降、北日本の急行は常磐線経由の夜行1往復、それに接続する函館～稚内桟橋間の夜行1往復だけになった。同年11月には仙台北方の岩切～品井沼間に海岸寄りを通る勾配緩和の新線が開通し、貨物列車だけが通過した。同年12月中旬には常磐線経由の急行203・204列車が「当分運転休止」となり、上野～青森間は普通列車だけになった。

　同年暮れから翌1945(昭和20)年1～2月にかけて青森は未曽有の豪雪で駅も操車場も雪で埋まり、軍隊や一般市民を動員しての除雪も追いつかず、旅客貨物ともに最小限しか運転できなかった。

02-2 敗戦直後の上野〜青森間列車

1945（昭和20）年7月時点では、上野〜青森間は普通列車だけで、東北本線経由2往復、常磐線経由1往復、奥羽本線経由1往復となっている。同年7月14・15日、青函連絡船は米軍艦載機の集中攻撃で貨客船4隻、貨物船6隻が沈没し、残る貨物船2隻も損傷し全滅した。運行再開は8月15日で、応急修理された貨物船、陸軍の上陸用舟艇、民間の機帆船が動員されたが、乗客が殺到し大混乱であった。

1945年8月15日の敗戦後も同年7月のダイヤで運行されたが、普通列車だけである。同年11月20日、戦後第1回のダイヤ改正で、上野〜青森間（東北本線経由）昼行急行101・102列車（上野8:30〜青森24:00、青森5:50〜上野21:25）が復活したが、石炭不足から同年12月21日から運休となった（1945.12.21、朝日東京）。

翌1946（昭和20）年2月から石炭事情も好転し、旅客列車が順次復活した。1946年4月27日付、朝日東京本社版は次のように伝える。「上野仙台間臨時急行運転」「28日から当分の間、臨時急行列車（3等だけ）が運転される」「下り1101列車、上野発9時仙台着16時38分、上り1102列車、仙台発13時05分上野着21時10分」。この列車は5月20日から青森へ延長された。「仙台行急行青森まで」「先月28日から運転している臨時急行列車は来る20日から青森へ延長される」（1946.5.19、朝日東京）。1946年7月5日改正時の時刻は次のとおりであるが、「臨時急行列車」と記載されている。接続の青函連絡船と北海道内列車も併せて掲載する（時刻表復刻版終戦直後編、昭和21年8月号より）。

（下り）
上野9:00（臨時急行1101列車）仙台16:38/16:48〜青森2:10/4:00（青函連絡船）函館10:30/13:30（403列車）札幌22:40（根室本線池田着8:09）

（上り）
（滝川発4:32）札幌7:02（408列車）函館16:42/19:30（青函連絡船）青森2:00/3:20（臨時急行1102列車）仙台12:54/13:05〜上野21:10

このほか上野〜青森間には普通列車が東北本線経由3往復、常磐線経由1往復、奥羽本線経由1往復運転され、1944（昭和19）年10月ごろの運転状況とほぼ同じである。

1946年の冬が近づくにつれて、再び列車削減となった。同年11月10日、列車を16%減らすダイヤ改正が行われたが、これは石炭不足で列車が次々と削減された前年の苦い経験に鑑み、あらかじめ列車本数を減らして石炭不足に備える、いわば防衛的姿勢のダイヤ改正であった。

この改正で上野〜青森間の臨時急行は上野〜仙台間の定期急行109・110列車になり、仙台以北は廃止された。同区間の普通列車は東北本線経由下り2本、上り1本、常磐線経由1往復、奥羽本線経由1往復となった。だが、石炭不足は予想以上に深刻で、11月下旬から通勤列車がさらに削減され、12月になってからも近距離列車を中心に小刻みに削減された。

02-3 1947年1月4日、青森行きが消えるがほどなく復活

1946（昭和21）年12月下旬、政府は産業復興のための緊急措置として傾斜生産政策を決定した。当時、生産拡大の最大の隘路は石炭生産の不足で、その原因は炭坑用鋼材の不足だった。そこで、鋼材を集中的に炭鉱に投入し、それによる石炭増産分をさらに鉄鋼に投入し、生産全体を引き上げて経済危機を回避しようとするものであった。だが、それは石炭の鉄道への配分をさらに減らすことになった。東京日比谷のGHQ（連合国軍総司令部）にモミの木が飾られ"Merry　Christmas"のネオンサインが輝いていたころ、閣議では旅客列車削減を巡って大激論が交わされた。旅客輸送を削減してでも鉄鋼部門に石炭

を優先配分すべきとの経済安定本部側に対し、運輸省側は、これでは長距離旅客列車は全廃となり、新聞、郵便も今より2日ほど遅れ、国民生活への影響が大きいとして絶対反対を表明した。

結局、12月31日の各紙で急行と2等車の廃止が発表され、翌1947（昭和22）年の正月明け1月4日から列車の大削減ダイヤが実施され、主要幹線の全線直通列車は東海道本線、山陽本線2往復、他の幹線は1往復程度になった。

この列車大削減は、東北地方にはとくに厳しかった。1946年12月20日時点では、上野～青森間直通列車は本線経由下り103列車（上野発9:40）、107列車（上野発19:10）、上り108列車（青森発21:40）、常磐線経由201列車（上野発22:10）、202列車（青森発8:15）が運転されていたが、12月26日時点では107列車が上野～盛岡間、201列車が上野～仙台間となり、103・108列車および202列車が全線直通として残った。1947年1月4日から上野～青森間の北海道連絡の重要列車103列車が仙台打ち切り、上り108列車が一部区間を残して運休、上野～仙台間急行109・110列車も運休となり、これは東北地方にとって大きな衝撃であった。

1947年1月1日付朝日新聞に「4日からの主要直通列車」が出ているが、上野発19:10、盛岡着10:35の列車とともに盛岡発13:46、青森着20:05の列車が掲載されている。上野発107列車が盛岡で3時間停車後、201列車となって青森へ向かったことになる。

上りの青森～上野直通列車は常磐線経由の202列車だけである。ところが時刻表復刻版戦後編5に添付された昭和21年12号第二付録では、1月13日現在107列車は上野発19:10、青森着16:27となっていて、当時の混乱状況がうかがえる。青函連絡船も旅客便はわずか2往復となり、輸送力は片道1,500人であったが乗車券販売割り当ては1日700枚で、残りは外地からの復員者、引揚者、北海道への開拓団、炭鉱への就職者に割り当てられた。

このような厳しい措置が東北地方にとられた背景は何か。当時、米軍が旧海軍の三沢航空基地（青森県）を接収して行った三沢基地拡張工事が原因ではないかと筆者は考える。この工事は1946年夏から本格開始され、資材輸送の貨物列車が多数運転され「古間木輸送」と呼ばれた。当時の仙台鉄道局が全力をあげ米軍の命令どおりに最優先で資材輸送を行い、各地から機関車、乗務員が集められ、古間木（現・三沢）からの専用線も増設された。この輸送は列車事情がやや好転した1947年夏以降も続き、翌1948（昭和23）年5月まで続いた。基地の完成は1949（昭和24）年春である（「ものがたり東北本線史」より）。当時の東北本線はこの輸送のため大きな影響を受けた。

1947年4月24日、東海道本線、山陽本線に急行が復活し、改善の兆しが見えたが、東北本線では上野～青森間に本線経由の臨時普通列車（8113列車、上野15:10～青森12:51、8112列車、青森6:02～上野5:00）が1往復増えただけであった。

02-4 ヤミ切符と1両350人乗車の超満員列車

この列車大削減が実施されたころ、青森の地元紙東奥日報（1947（昭和22）年1月15日付）に「切符のヤミ屋」が横行との記事が出ている。「青森駅では乗車券発売時間は5時と14時の2回で、1日東北線57枚、奥羽線91枚の切符を求めて夜の9時頃から駅に並ぶ人々は列車削減の日以来ほとんど同じ顔ぶれ」「彼らは炬燵（こたつ）持参で朝5時まで夜を明かすのだがひどいのになると親子、兄弟と一家総出のヤミ屋も見かけられる」「売り手は主に子供たちのようである『おじさん、2～3日並んだってとても買えないよ』『どこまで行きますか、切符ありますよ』。このような会話が繰り返され目の玉が飛び出るよう

値段で売買されるのだ」「東鉄管内すなわち上野まで片道400円から600円」（正規運賃は47円）。

このころの超満員列車について東奥日報（1947年5月29日付）に「350名で窓から出入り、殺人列車は定員の4～5倍」と題した記事がある。「列車地獄と称される昨今の旅客は驚異的な乗車技術を見せている。車両の実際の乗客数はどれくらい収容できるか青森駅で調べてみると、鋼製3等車は定員88名、木造3等車は80名となっているが（中略）250名乗車となると座席は3人掛、通路ひじ掛け2人、席の間に2人、デッキに145人立つことになる。300名くらいになると殺人列車の様相を見せ始め、座席間の通

路もほとんどぎっしり詰まる。350名ともなれば列車の乗降はもっぱら窓からになり全員立席」。

東北本線では青森発6時02分（上野行き8112列車）、8時15分（常磐線経由上野行202列車）がこの程度で、デッキ、ステップはもちろん、窓から身体をはみ出し、洗面所にも8人くらい詰め込んで身動きができないため、便所に行けず停車中窓から飛び出してホームの隅っこで用便することになる。これを車体保存上から見ると、空車の時はいっぱいに開い

ているバネも400名くらいになると、バネが上下にぴったりくっついて車の振動が激しく、乗客はこの振動で疲労し車両事故も起きやすいことになる。

同年6月29日、全国的に急行列車が復活し、上野〜青森間（常磐線経由）の夜行急行207・208列車も復活し、函館〜旭川間急行7・8列車に接続した。また上野〜仙台間昼行急行109・110列車も復活した。同区間の普通列車も東北本線経由2往復、常磐線経由1往復となった。

02-5 急行「みちのく」登場

1948（昭和23）年7月1日、戦後初の全面的ダイヤ改正が行われた。これまでは戦争末期のダイヤを基本に削減、復活を繰り返していたが、戦後の炭質低下や混雑による編成両数の増加を考慮し、新たにダイヤを引き直したもので、所要時間は延長したものの、長距離列車の運転本数が増え、戦後の輸送難も改善の方向に向かった。

この改正で上野〜青森間にそれまでの上野〜仙台間昼行急行109・110列車を延長する形で、急行103・104列車（下り上野9：00〜仙台発17：06〜青森2：07、上り青森23：25〜仙台発10：00〜上野18：05）が登場したが、仙台〜青森間は不定期（最初の運転は1948年12月下旬〜1949（昭和24）年1月上旬）で、上りは夜行であり、昼列車とは言い難い。

翌1949年6月、それまでの運輸省鉄道総局が公共企業体「日本国有鉄道」となり、同年9月15日に再びダイヤ改正が行われた。東海道線には特急が復活して「へいわ」と命名された。東北本線には下り上りとも昼行急行（青森は深夜着、早朝発）が東北本線経由で復活した。時刻は次のとおり。

（下り）
上野8:30（急行101列車）仙台15:42/15:50〜青森23:40/0:40（青函連絡1便）函館5:10/6:10（急行1列車）札幌着12：27（旭川から普通列車、網走着23:08）
（上り）
（網走発5:10、旭川まで普通列車）札幌16:12（急行2列車）函館22:47/23:50（青函連絡2便）青森4:30/5:40（急行102列車）仙台13:50/14:00〜上野21:10

戦後の重苦しい日々も1949〜50（昭和24〜25）年ごろになると、鉄道の復興も目に見えて進み、食糧難の言葉もいつしか聞かれなくなった。1950年4月から急行101・102列車に戦後の東北地方で初めて食堂車（スハシ37形）が連結された。

1950年10月1日に行われた全国ダイヤ改正では、上野〜青森間昼行急行が常磐線経由となり約1時間スピードアップされた。これは蒸気機関車時代においては25‰勾配が随所にある本線より勾配の少ない常磐線が、所要時間においても、牽引定数においても有利で、東京〜北海道間を最短時間で結ぶためであった。これ以降、1968（昭和43）年10月の「43−10」改正まで「青森行きは常磐線回り」が定着することになるが、東北本線南部の栃木・福島両県から反発が出たことは言うまでもない。1950年の秋、国鉄本庁（本社）では急行列車に愛称名を付けることになり、それを受けて国鉄仙台地方事務所（国鉄東北支社の前身）では一般から愛称名を公募した。10月23日に「みちのく」「北斗」「青葉」が当選し、同年11月から上野〜青森間昼行急行が「みちのく」、夜行急行が「北斗」、上野〜仙台間昼行急行が「青葉」と命名された。1950年10月改正時の時刻は次のとおり。

（下り）
上野9:35（急行201列車「みちのく」）仙台15:52/16:02〜青森23:50/0:40（青函連絡1便）函館5:10/5:50（急行1列車）札幌12:00/12:14〜旭川15:04（旭川から普通列車、網走着22:25）
（上り）

（網走発6:10、旭川まで普通列車）旭川13:40（急行2列車）札幌16:30/16:45〜函館23:08/23:50（青函連絡船2便）青森4:30/5:15（急行202列車「みちのく」）仙台13:20/13:27〜上野20:15

　この改正で「みちのく」と上野〜仙台間急行「青葉」は仙台で接続し、「青葉」の客車の一部が「みちのく」に連結され青森発着となった。東北本線南部から東北北部・北海道方面への連絡に配慮したもので

ある。この改正時から上野〜札幌間を直通する1等寝台車マイネ40形が「みちのく」と接続の急行1・2列車に連結され青函航送された。このマイネ40形は1948年12月から夜行急行207・208列車に連結し、青函航送され上野〜札幌間を直通していたが、利用は訪日外国人および「新興成金」と言われた日本人が中心で、1等の運賃、料金の合計は著しく高く「走るインフレ」と皮肉られた。

02-6 津軽海峡で浮遊機雷発見と洞爺丸沈没

　1951（昭和26）年5月9日、津軽海峡で戦後初めて浮遊機雷が発見され、青函連絡船は夜間運航が停止された。同年6月20日から青函航路および北海道内の時刻が改正され、青函連絡船夜行便は下り1便が青森発3:00（乗船締切時刻0:40）函館着7:30、上り2便は函館発4:00（乗船締切時刻23:50）青森着8:40となり、同年8月から上り「みちのく」は青森発11:35上野着5:20となった。翌1952（昭和27）年9月から夜行急行3205・202列車「きたかみ」が増発され、「みちのく」は下り201、上り3202列車となり、上り3202列車は元の青森発早朝（5:30）に戻ったが、青函連絡船からは接続しなかった。

　1953（昭和28）年になり、浮遊機雷の発見がほと

んどなくなり、対策に万全を期して同年4月から夜間運行が再開され、上り「みちのく」は再び青函夜行便から接続するようになった。

　1954（昭和29）年9月26日、台風15号が津軽海峡を襲った。洞爺丸は上り4便として定刻14:40を約4時間遅れて函館を出港したが、予想を上回る強風のため貨客船洞爺丸および貨物船4隻が沈没した。一夜にして連絡船5隻を失い、乗客1,041名、乗組員348名、その他の乗船者（公務出張で乗船した国鉄職員など）41名、合計1,430名の犠牲者を出す大惨事となった。これ以降、1等寝台車の青函航送は中止された。

パンタグラフの下部が低屋根になっているモハネ582。パンタグラフ下部は上段寝台が設置できず、中下段だけであった。屋根上の碍子が物々しい。
◎仙台
1976（昭和51）年8月
撮影：山田 亮

03 客車特急「はつかり」 登場とディーゼル化

03-1 東北にも特急運転の機運高まる

1956(昭和31)年11月19日、東海道本線全線電化完成に伴う全国ダイヤ改正が行われた。この改正で東京〜博多間に夜行特急「あさかぜ」が急行用客車の寄せ集めで登場し、翌年10月から夜行特急「さちかぜ」が東京〜長崎間に登場した。それに対し、東北など東日本は急行が増発されたが、特急はなく地味な内容であった。上野を発車する列車のうち高崎線・上越線、信越本線の列車は高崎(上越線直通列車は長岡)まで電気機関車牽引となっていたが、東北本線、常磐線の列車は相変わらず蒸気機関車(C62、C61、C57など)牽引で、すべて電気機関車または電車となっていた東京発列車との格差は歴然であった。このころから「東北にも特急を」の声が各方面から沸き起こってきた。

「東北特急」は国鉄東北支社、仙台鉄道管理局が中心となって推進された。運転区間は戦前の「上野〜札幌24時間」を目標に、青函連絡船に接続する上野〜青森間となったことは当然であった。この「東北特急」の構想が出たのは1957(昭和32)年11月ごろとされているが、鉄道ファン1969(昭和44)年1月号掲載の石井幸孝「はつかりSLからECまで」に次のような一文がある。「東京〜札幌間の着発時間を考えるとどうしても上野〜青森間でスピードアップを図らねば特急としての有用性が薄い」「客車列車を蒸気機関車が牽引するスタイルではスピードも遅く、東京〜札幌間を20時間台に持ち込むことはどうしても不可能であった。

電化計画も軌道に乗っていなかった当時としては「こだま」に続いてディーゼル車による特急が実は「はつかり」誕生の前から検討されていたのである」。1957年秋に東海道電車特急の運転が正式に決まり、翌1958(昭和33)年秋の運転開始を目標に車両の設計も始まっていた。東北特急の具体的な検討は1958年2月ごろから始まった(鉄道ピクトリアル1959(昭和34)年10月号、誌上列車案内特急「はつかり」から)が、そのころからディーゼルでの検討がなされていたことになる。

その背景にはキハ55系「日光」号の実績があったと考えられる。1956年10月に登場した準急「日光」(上野〜日光間)は東武鉄道に対抗して高速運転を行い、上野〜宇都宮間106.1kmを1時間20分で走破して区間表定速度79.5km/hを記録し、東海道客車特急「つばめ」「はと」の全区間表定速度74.1km/hを上回った。「電車特急の車体とキハ55のエンジンを組み合わる」との考えが出てきたことは当然であろう。当時の交通新聞にも地方の鉄道管理局が国鉄本社に「こだまの車体にキハ55のエンジンを付けた車両での特急運転を」と要望したとの記事がある。

だが、ディーゼル車(気動車)での特急運転は見送られた。キハ55では騒音、振動の面で特急にふさわしいとは言えず、さらに検討が必要とされたからである。

1956(昭和31)年10月に運転開始したキハ55系の準急日光号は東武鉄道に対抗して高速運転を行い、上野〜日光間を約2時間で結び気動車の高速性を実証した。このキハ55は準急用として従来のローカル線用のキハ17系と比べ車体幅が広がり車内設備も改善された。塗色は黄色に赤帯で国鉄準急色として親しまれた。このキハ55は初期型で「バス窓」が特徴である。
◎日光　1957(昭和32)年9月29日
撮影:江本廣一

03-2 蒸気特急「はつかり」の登場

ディーゼル車では時期尚早ということで「東北特急」は蒸気機関車牽引の客車特急とすることになったが、早い時期に気動車化することが関係者間での了解事項になっていた。次の問題は東北本線経由か常磐線経由かで、沿線からはどちらにするかで「綱引き」があった。県庁所在地が2ヶ所ある東北本線経由が優勢だったが、北海道連絡を重視するため上野〜青森間を最短時間で結ぶため常磐線経由に決まった。両者の優劣を比べると次のようになる。

	（東北本線経由）	（常磐線経由）
距離（上野〜仙台）	348.7km	362.9km
複線区間	上野〜宇都宮間106.1km	上野〜平間211.6km
最大勾配	25‰	10‰
補機	必要	不要
停車駅	宇都宮、白河、郡山、福島	水戸、平
所要時間	5時間45分	5時間23分

当時の交通新聞（1958（昭和33）年9月28日）は次のように伝える。「この列車を夜行特急とするか昼行特急にするか、また常磐経由とするか東北経由かで議論が分かれたが、対北海道のみでなく東北線内の旅客の利便も考え仙台、盛岡も有効時間帯として昼行特急とする、経由線区は複線区間が東北線は常磐線の半分であり、1000分の25勾配があって補機を必要とするなどの理由から常磐経由と決定した。これで到達時分は12時間で急行「北斗」より1時間20分の短縮となった。

しかし、東京〜札幌間を20時間程度にと望んでいた東北、北海道方面の地元では特急で1時間20分程度の短縮では遅すぎるとの不満もあるようである。ダイヤ作成の関係者間でもいち早くこの問題については検討され、デラックス型の気動車なり電化なりが完成してから運転しようとの意見がもたれていたほどである。しかし東北方面をいつまでも田舎にしておくのかといった一般の要求も強く、時機を見ていたのでは今後また何年か後まで取り残されてしまう可能性もあることから現状でできる範囲の最善のものでとにかく動かそうと不満の点は割り切ってダイヤを組んだものである」。

1958年10月1日のダイヤ改正で「はつかり」は登場するはずだったが、ダイヤ改正の直前、9月25日から27日にかけて襲来した台風22号により常磐・東北線では被害が続出したため、その復旧を待って10月10日から運転を開始した。この改正で夜行特急「はやぶさ」が東京〜鹿児島間に登場し、青森から鹿児島までが特急で結ばれたとPRされた。登場時の「はつかり」と接続する北海道内列車の時刻は次のとおりである。

（下り）
上野12:20（特急1列車「はつかり」）仙台17:43/17:48〜青森0:20/0:40（青函連絡11便）函館5:10/6:00（急行1列車「大雪」）札幌11:44/11:50〜旭川15:01（旭川から普通列車、網走着22:13）
（上り）
（網走発6:18、旭川まで普通列車）旭川13:35（急行2列車「大雪」）札幌16:36/16:45〜函館22:32/23:40（青函連絡船2便）青森4:20/5:00（特急2列車「はつかり」）仙台11:30/11:35〜上野17：00

編成は東海道から回ってきた「中古」のスハ44系中心で、2等車はナロ10、食堂車はマシ35（のちにオシ17）、塗装は20系客車と同じ青色で、クリーム色の線が2本入り特急らしくする演出（小細工）がなされた。牽引機は上野〜仙台間が尾久機関区のC62、仙台〜青森間が仙台機関区のC61で、盛岡〜青森間では急勾配のため盛岡機関区のC60が前部補機になり、C60、C61の重連で牽引した。スハ44系は一方向き2人掛け固定座席のため、上野発車前に尾久〜田端操車場〜隅田川〜上野間で、青森到着後青森〜滝内信号場〜青森操車場〜青森間で、「三角線」を使った編成転向が行われた。所要時間は下り上りとも12時間（6駅停車）で、戦前（1934（昭和9）年12月時点）の夜行急行202列車（上り）の12時間25分（10駅停車）より25分短縮したに過ぎず、上野〜札幌間も24時間をわずかに切っただけで、戦前と大差なかった。

03-3 無理やり特急に乗せられる不満

「はつかり」運転開始と同時に急行「みちのく」が上野〜盛岡間となり、盛岡〜青森間は不定期列車となって多客期だけの運転となった。したがって「みちのく」が青森まで運転されない閑散期に青函連絡船夜行便を利用する場合は、「はつかり」に乗らざるを得なくなったが、高い料金を払ったのに古い車に無理やり乗せられるという不満が出てきた。仙台は東北の中心都市で、函館・札幌方面との交流も多いはずだが、時間を有効に活用するためには青函連絡夜行便の利用が最も便利であろう。だが、閑散期は青森まで「はつかり」に乗らざるを得ず、「みちのく」の急行料金350円に対して「はつかり」は600円。駅弁（幕の内弁当）が80円だった時代の差額250円は高い。当時の交通新聞（1958（昭和33）年10月25日付）に、東大教養学部教授中屋健一（1910−1987、米国史研究家、旅行好きで月刊誌「旅」にもよく書いていた）が「はつかりに対する不満」というコラムを書いている。

「私はたまたま北海道からの帰途にこの特急を利用したが（中略）何とも恐れ入った特急という感を深くした。これで東北線開通以来67年ぶりの飛躍だとか東北地方の後進性を取り戻すとか、まったくもっ

て国鉄当局の頭はどうかしているのではないかと思わせるシロモノである（中略）はつかりの3等車は東海道線特急のお古である。（中略）「あさかぜ」や「こだま」の走る東海道線に比べ、あまりにも著しい差別待遇である（中略）大雪に乗り連絡船で寝て、青森から東京に向かう乗客は強制的に「はつかり」に乗せられるわけだがこれをまず改めて「みちのく」も利用できるようにすることを提案したい。それができないなら「はつかり」に限り特急券は三割引くらいにするのでなければ東海道線とつり合いがとれない」「北海道と東京とを往復する人々にとって「はつかり」はかえって有難迷惑のような気がした」。

「みちのく」不定期化の理由は、「はつかり」「みちのく」の二本立てでは青函連絡夜行便に乗客が集中し運びきれないためとされ、「みちのく」運転時は臨時の連絡船が運航された。翌1959（昭和34）年9月22日から客車「はつかり」は、使用石炭の改善と線路改良で下り32分、上り30分スピードアップされた（上野12:30〜青森23:58、青森5:00〜上野16:30）。そして1961（昭和36）年3月、「みちのく」の盛岡以遠は再び定期化された。

03-4 「はつかり」ディーゼル化

同時期に登場した151系電車特急「こだま」、20系客車特急「あさかぜ」は空調完備、快適な乗り心地で、SL牽引「はつかり」との格差は歴然でディーゼル化が急がれた。

「はつかり」ディーゼル化にあたっては、ヨーロッパで行われていた先頭車に大型ディーゼルエンジンを搭載して中間に付随車を連結する方法、大出力エンジンを開発して1台のエンジンで2軸を駆動する方法などが検討された。1960（昭和35）年10月には東京でARC（アジア鉄道首脳者懇談会）が開催されることになり、特急用ディーゼル車をアジア各国の鉄道関係者に披露して輸出を推進したいとの意図もあり、それに間に合わせるために短期間での完成を目指し、1959（昭和34）年末から設計が始まった。だが「はつかり」ディーゼル化およびその後のディー

ゼル特急全国展開は各地からの強い要請で遅らせることはできず、時間的な余裕がないことから技術的な冒険はせず、すでに一般型気動車で広く使われていたDMH17型エンジンを改良する手堅い方法がとられた。従来のDMH17型エンジンは室内に点検蓋があったが、それを横型にして点検蓋を廃止し、騒音や振動への配慮がなされた。また、大出力400馬力エンジンを搭載したキハ60形が試作され、1960年1月に登場したが、試運転の結果が思わしくなく、実用化のめどがたたなかった。

1960年12月10日、「はつかり」はキハ81系によりディーゼル化された。先頭車は「こだま」に似ているが、単線区間でのタブレット受け渡しを考慮して運転台はやや低く、独特な形態で「ブルドッグ型」とも呼ばれた。現在では京都鉄道博物館に1両保存され

ているが、最後の運転線区が紀勢線のため先頭の表示は「くろしお」になっている。運転開始時は慎重を期して客車特急と同じ所要時間であった。編成は9両で、1等2両、食堂車1両。180馬力の走行用エンジンが14台(先頭車は1台、中間車は2台、食堂車は発電用エンジンを搭載)で、総出力2,520馬力。14台のエンジンが全開で走るさまは壮観で、動力分散方式の高速ディーゼル列車は世界的にも珍しかった。

ところが、12月17日には常磐線大甕駅で上り列車が制御回路故障となり大甕〜上野間を運休し、乗客は後続の準急「ときわ」、急行「みちのく」で上野に向かい、翌18日は蒸気機関車牽引の客車で運転された(ディーゼル化当初の時刻は客車時代と同じ)。翌1961(昭和36)年1月12日には我孫子で下り列車が火災を起こし、以後十数回の事故を起こしてマスコミで「事故ばつかり」などと騒がれた。国鉄上野車掌区で「はつかり」にも乗務した豊田茂は次のように回想する。「昭和36年4月の御堂駅での事故は忘れられない。春眠暁を破るように急停車。窓から顔出すと7号車のキハが黒煙につつまれていて、みるみるうちに火炎に変わる。信号場から駅に昇格して間もない御堂の駅員の数は推して知るべし。急を聞いて村の消防団も駆けつけてくれてなんとか負傷者をださずに消しとめることができたが、消火器を持って車内で炎と戦っていた時にはさすがに私もこれで鉄道神社行きかと覚悟を決めた」。その後、下りは御堂で5分停車して床下機器の点検を行うようになった(鉄道ジャーナル1977(昭和52)年3月号「はつかりものがたり」)。

「はつかり」の連続事故はいわゆる初期故障で、特急用という使用条件の変化やちょっとした設計変更点に起因するとされ、試運転が不十分だったことが原因とされる。担当の尾久客車区検修陣の懸命な努力で問題点も次第に解決され、1961年10月に走り始めた82系ディーゼル特急は、改正当初は若干のトラブルがあったがおおむね順調な滑り出しであった。

03-5 上野〜札幌間19時間55分

1961(昭和36)年10月1日の全国ダイヤ改正(白紙改正と言われた)で、「はつかり」は下り10時間25分、上り10時間30分運転となり、上野〜札幌間は下りが19時間55分となって20時間を切った。この改正時における「はつかり」と「みちのく」および接続する北海道内列車の時刻は次のとおりで、多客期には青函連絡船に臨時夜行便が運行された。

(下り)
上野13:30(特急1D「はつかり」常磐線経由)仙台18:13/18:17〜青森23:55/0:10(青函1便)函館4:35/4:55(特急1D「おおぞら」室蘭本線・千歳線経由)札幌9:25/9:28〜旭川11:25
上野9:50(急行11列車「みちのく」常磐線経由)仙台15:34/15:42〜青森23:23/0:10(青函1便)函館4:35/6:00(急行11列車「大雪」函館本線経由)札幌11:25
(上り)
旭川17:30(特急2D「おおぞら」室蘭本線・千歳線経由)札幌19:25/19:30〜函館24:00/0:15(青函2便)青森4:45/5:05(特急「はつかり」常磐線経由)仙台10:44/10:48〜上野15:35

札幌16:55(急行12列車「大雪」函館本線経由)函館22:30/0:15(青函2便)青森4:45/5:35(急行12列車「みちのく」常磐線経由)仙台13:13/13:23〜上野19:09

ライバルとも言える東京(羽田)〜札幌(千歳)間航空機はプロペラ機が片道11,700円、1961年9月から投入されたジェット機(日本航空コンベア880M)は片道12,700円で、当時の勤労者の平均月収2万円前後と比べて著しく高価であり、一般的な交通機関とは言えなかった。

東北本線の電化は徐々に北上し、1961年3月に仙台、1965(昭和40)年10月に盛岡に達した。その間、1963(昭和38)年12月から特急「つばさ」が上野〜盛岡間に登場し、上野〜福島間は秋田発着編成と併結になった。時間帯は「はつかり」とほぼ同じで、盛岡までの乗客が「つばさ」に移ることで青森までの「はつかり」特急券入手難がやや緩和された。盛岡発着「つばさ」は1965年10月の盛岡電化時に483系電車特急「やまびこ」(上野〜盛岡間、東北本線経由)となった。この「やまびこ」の上野〜仙台間所要時間(下り)は4時間35分で、「はつかり」の4時

間50分より短く、初めて東北本線経由が常磐線経由より短くなり、電車の威力を発揮した。

東北本線特急は尻内(現・八戸)〜青森間無停車のため、列車と運転指令、関係駅間の連絡手段がなかった。そこで盛岡鉄道管理局では列車無線電話の設置工事を進め、1967(昭和42)年12月28日より使用開始された。「はつかり」「はくつる」「ゆうづる」に移動無線を設け、尻内〜浅虫間で列車乗務員と運転指令、青森駅の間で無線通話できるもので、列車の運転、連絡船との接続、旅客の取り扱いについての連絡がスムーズにできるようになった。

03-6 時代遅れのカラス列車「みちのく」

一方「みちのく」はどうだったのだろうか。「はつかり」がディーゼル化されてからは、蒸気機関車(SL)牽引のままの「みちのく」はその格差が目立ったことは言うまでもないが、上野・仙台〜東北北部・北海道間の直通客に加え、沿線都市間(水戸〜仙台間、仙台〜盛岡間など)の乗客も多く、長距離と中距離の乗客が入り混じる車内だったと思われる。「みちのく」は東北本線経由「青葉」の客車2両を仙台で併合・分割し、各1両が盛岡・青森発着だったが、1963(昭和38)年6月から「青葉」が451系電車化され客車の直通はなくなり、「青葉」と「みちのく」を乗り継ぐ場合の急行料金通算(急行券は1枚で済む)もなくなった。

常磐線は1961(昭和36)年6月に勝田まで電化され、401系交直両用電車が投入されたが、客車列車は蒸気機関車牽引(C62)のままで、翌1962(昭和37)年10月から上野〜水戸間がEF80となったが、水戸以北はC62、仙台以北はC61、盛岡〜青森間がC60、C61の重連だった。

当時の交通新聞(1962年9月30日付)に映画評論家瓜生忠夫(1915-1983、駅弁愛好家でもあり当時の交通新聞によく書いていた)の「みちのくの旅」と題した一文がある。「この9月のある土曜日、常磐線で福島県の相馬へ行った。原ノ町まで急行「みちのく」を利用したが、翌日曜日の帰途も「みちのく」を利用した」「みちのくはポッポ、シュッシュッの機関車が引っ張る汽車であった。へぇーいまどき汽車の急行があるのかとびっくりしたが、おっとりした停車発車のあの味を思って悪い気はしなかった。

久しぶりに汽車の旅が楽しめると期待したが、大変な当たりはずれ。上野を出る早々からひどい煤煙で窓を開けていられない。すぐ窓を閉めて扇風機のご厄介になったが、急に暑さのぶり返した日でとても汽車の旅を楽しむどころではなかった」「それでも行きはヨイヨイであった。乗客が少なかったから。しかし帰りはコワイであった。始発青森駅から乗車した北海道からの乗客で2等車は満員。人いきれと青森から座席に附着してたまっていたススがたちまち粘りついてくる車内である」「せっかくの汽車の旅がメチャクチャで愛用の駅弁を買い集めるどころではない。ムシャクシャするから食堂車で酔っぱらうまで飲んでしまった。飲みながら昔の汽車の旅は十分楽しかったのにと思った」「失われた旅の味を懐かしみながら、蒸気機関車の汽車が不愉快になるのでは一日も早く旅客列車の汽車は廃止してもらわなければと思った。というより今時分まで幹線の急行に残っている方が非常識であろう」。最後に「東海道は電化し窓を閉めた特急電車がスイスイと走っている。窓を開ければ煤煙の汽車の旅は感覚的にも生理的にも受け付けなくなっている」と結んでいる。快適な電車やディーゼルの特急、急行の旅を一度経験すると、昔ながらの汽車ポッポなどもはや乗っていられない、そういう時代に入っていた。

「みちのく」はその後も汽車ポッポの「カラス列車」(煤煙で客車が黒く汚れるのでその名がある)だった。1964(昭和39)年9月から仙台〜盛岡間がDD51、盛岡〜青森間がDD51重連となった。1965(昭和40)年10月の盛岡電化当初はDD51が仙台〜青森間を牽引したが、ほどなく仙台〜盛岡間がED75となった。だが常磐線平〜仙台間はC62が牽いていた。数年後に電化が予定され、DD51を投入するより古い蒸気機関車を「使い切る」との発想だったのであろう。常磐線全線電化は1967(昭和42)年10月である。

03-7 多層建てディーゼル急行「みちのく」登場

「みちのく」にはディーゼル列車もあった。1965(昭和40)年10月改正で、1961(昭和36)年10月改正で登場したディーゼル急行「陸中」(上野〜盛岡・宮古間、常磐線経由、花巻で釜石経由宮古発着編成を分割併合)を下り「第1みちのく・陸中」、上り「第2みちのく・陸中」と改称し、「下り第1みちのく」、「上り第2みちのく」が上野〜大鰐(現・大鰐温泉)間(青森経由)および上野〜陸羽東線鳴子(現・鳴子温泉)間(小牛田で分割併合)、「陸中」が上野〜大船渡線盛間(一ノ関で分割併合)および上野〜釜石経由宮古間(花巻で分割併合)となり、盛岡〜尻内(現・八戸)間で盛岡〜八戸線久慈間「うみねこ」を併結した。いわゆる多層建て列車で、上野発車時は「青森経由大鰐行き」「釜石経由宮古行き」「盛行き」「鳴子行き」の4階建て列車で、久慈行きと合わせると5階建列車であった。1965年10月時点の時刻は次のとおりで、従来の客車「みちのく」は下り「第2みちのく」、上り「第1みちのく」となった。

(下り)
上野7:40(急行201D「第1みちのく・陸中」)
仙台13:12/13:15〜盛岡16:12/16:20〜青森20:17/20:25〜大鰐21:25(鳴子着14：51、盛着17：14、宮古着18：53、久慈着20：10)
上野9:30(急行201列車「第2みちのく」)仙台15:30/15:39〜盛岡18:48/19:00〜青森23:20/0:01(青函

1便)函館3:50/5:00(急行101D「ライラック」函館本線経由)札幌10:00

(上り)
札幌17:20(急行102D「ライラック」函館本線経由)函館22:30/0:01(青函102便)青森3:50/5:05(急行202列車「第1みちのく」)盛岡9:33/9:40〜仙台12:59/13:05〜上野19:10
(久慈発8:45、宮古発9:46、盛発11:34、鳴子発13:44)大鰐7:23(急行202D「第2みちのく」)青森8:13/8:25−盛岡12:28/12:35〜仙台15:40/15:43〜上野21:14

下り「第1みちのく」、上り「第2みちのく」の登場で、上野〜青森間の昼行優等列車は2往復となったが、青森まで直通する車両は1等2両、2等4両で、うち2等2両が大鰐発着であった。ところがこのような多層建て列車は1線区における遅れが併結相手の列車に及ぼす影響が大きいため、翌1966(昭和41)年10月から2列車に分割され、上野〜青森、久慈、盛間「三陸」(東北本線経由)と上野〜鳴子、釜石経由宮古、花輪線経由弘前間下り「第1みちのく」、上り「第2みちのく」(常磐線経由、盛岡〜大館間で仙台〜秋田間釜石・山田線経由「陸中」を併結)になった。(1950年から1965年までの時刻の変遷は別表を参照されたい)

03-8 土砂崩壊で「はつかり」大迂回運転

1966(昭和41)年7月27日、東北本線は浅虫(現・浅虫温泉)〜野内間で発生した土砂崩壊で不通となった。浅虫〜野内間の事故現場付近に「高野下仮ホーム」を設置し、浅虫〜事故現場間でバス代行輸送を開始した。上野方面からの列車は浅虫で折り返し、浅虫〜事故現場間は国鉄バスなどで連絡、事故現場〜青森間は機関車を前後に連結した客車列車で連絡した。この連絡列車はD51−客車−D51、C61−客車−DD51の2種類の編成でピストン輸送(1日28往復)した。「はつかり」はその間、花輪・奥羽本

線経由で運転した。
交通新聞(1966年8月3日付)は復旧までの運転計画を次のように伝える。「特急はつかりは花輪線、奥羽本線経由で青森に至るが、遅れは下り38分、上り35分で連絡船に接続、他の列車は浅虫折り返しで特急はくつる、ゆうづるは25〜30分前後、急行は10分前後の遅れで連絡船に接続する」。下り「はつかり」は定刻なら23時40分青森着で0時01分発青函1便に接続、函館には3時50分着である。それが0時18分ごろに青森着、青函1便は0時30分ごろに

21

出航、幸い夏場は海上も安定しているので所定3時間50分を20分程度短縮して4時ごろに函館着、接続の4時10分発「おおぞら」はほぼ定刻で発車した。鉄道ピクトリアル1966年10月号には読者投稿として、8月5日に花輪線十和田南で撮影された「はつかり」キハ81の写真が掲載されている。

8月末開通を目指して懸命な復旧工事が続けられていた8月13日午前0時ごろ、奥羽本線も豪雨による鉄橋損傷などで陣場〜川部間で不通になり、残るは五能線だけという異常事態になった。13日未明に青森を発車する「はつかり」は五能線、奥羽本線、横黒線(1966年10月20に北上線と改称)、東北本線、常磐線経由で上野へ向かったが、さすがに毎日とはいかず翌14日は盛岡折り返し、15日以降は他の列車と同じく浅虫発着で連絡バス接続となった(1966.8.14東奥日報)。この間、五能線は特急「白鳥」および貨物列車が集中して運転されたが、線路規格が低く輸送力に限りがあった。この五能線も8月18日に

は寸断されたが、同日中に復旧した。奥羽本線は8月19日夕方、東北本線は土砂崩壊現場の土中に鉄枠トンネルをはめ、その中に列車を通す方法で22日夕方に復旧した。

同年10月13日には東北本線清水川〜小湊間で鉄橋が流出し、6日間不通となった。「はつかり」は花輪・奥羽本線経由となったが、「はくつる」「ゆうづる」や客車急行は横黒線(現・北上線)、奥羽本線経由となった。鉄道ファン1967(昭和42)年8月号掲載の庄野鉄司「迂回列車を追う」に、横黒線をD60形蒸気機関車が重連で牽引する上り急行「第2みちのく」の写真が掲載され、同氏の作品集『日本の蒸気列車1960年代上巻』(プレスアイゼンバーン)にも収録されている。奥羽本線内はDD51、DF50、C61、C57を総動員したはずである。1968(昭和43)年5月16日に発生した十勝沖地震でも、盛岡〜青森間の各所で路盤陥没、築堤崩壊が発生し、27日に復旧したが、その間「はつかり」は花輪・奥羽線経由で運行された。

03-9 1966年11月「はつかり」乗車記

常磐線は1963(昭和38)年5月に平(現・いわき)まで電化が完成したが、平〜岩沼間の電化は1967(昭和42)年10月で、それまではC62が夜行特急「ゆうづる」や急行「みちのく」「十和田」などを平〜仙台間で牽引した。

TBSアナウンサーだった吉村光夫(1926-2011)は1966(昭和41)年11月、往路「はつかり」、復路「まつしま」で仙台へ往復した。その乗車記が鉄道ファン1967年3月号に「仙石紀行」と題して掲載されているが、出張(取材、講演)か私用(趣味の旅)かは不明。

吉村は上野発13時15分の「はつかり」に乗車する。「定刻発車、上野をでてしばらくはゴタゴタした下町の街並みとすすけた工場ばかりで景色というものは存在せず、速度もおよそ特急らしくない。各駅停車のゲタ電(国電の俗称)を待避線に押し込んで走り抜けるダイヤにはなっていないらしく、ゲタ電の終点取手を過ぎてようやく特急らしくなった(中略)ころあいよしと席を食堂車に移した」「汽車に乗ると誰しも食事が進むという(中略)特急列車に食堂はなくてはならぬものであろうと考えながらビフテキを

平らげ、勘定を済ませ出口を見るとナンバープレートの傍らに「ブルーリボン賞」鉄道友の会から贈られた賞が胸を張っている」「水戸、平と定時発車で過ぎ、夕陽が空を赤く染め阿武隈の低い山並みに沈むころ、鉄道写真の名所四ツ倉を通過。3つ目の停車駅仙台に着くのは18時05分の予定である」。

ところが「はつかり」は途中駅で停車してしまった。「腕時計を見ると17時20分、仙台よりかなり前の駅であることは確かだ」。まもなく車内放送が入る。「信号機故障のため列車はただいま原ノ町に臨時停車しております、駅の係が次の駅まで連絡に走っております、この係が帰ってきて列車の安全が確認されればこの列車は発車したします。したがってこの列車は30分くらい停車する見込みです」。次の駅は鹿島で駅間距離は7.5km、まさか線路を保線区員が走るわけではないだろう。保線用モーターカーで鹿島まで行き、安全が確認されればその旨を鉄道電話で連絡するのだろう。

再び車内放送が入る。「仙台から盛行き急行むろね2号(筆者注、仙台発18時30分)をご利用の方がおられましたら、これから車掌が車内を回りますから

お申し出ください。このまま停車時間が延びますと「むろね」は発車を遅らせますが、お申し出がなければ定時に発車させます」「ご迷惑おかけしました、列車は40分遅れております。むろね2号は仙台を定時に発車しますので接続しません。なお、連絡船には接続します」。乗客の多くを占める北海道行きの客にとって連絡船に接続するかは重大な関心事だが、この放送を聞いて安心しただろう。青函連絡船は接続列車が遅れた場合、45分まで待つとの内規があった。

東北本線経由の急行「八甲田」

　急行「八甲田」は1961（昭和36）年10月改正で登場した上野～青森間を東北本線経由で結ぶ夜行客車急行である。この改正で同じ時間帯を走る急行「北上」（常磐線経由）が寝台列車化されたため、座席車（自由席）を連結した輸送力列車（1.2等の座席車と1等B寝台車、2等寝台車連結）として増発された。1950年10月改正で上野～青森間昼行急行が常磐線経由になって以来、久方ぶりの東北本線経由青森行であった。時刻は次の通りである。

　（下り）急行39列車「八甲田」上野15:10－仙台21:12/21:27－青森5:16

　（上り）急行40列車「八甲田」青森23:57－仙台8:24/8:29－上野14:27

　上野－仙台間は昼行列車の性格があり、仙台－青森間が夜行でその区間だけの利用も多かった。

　「八甲田」が上野－青森間直通夜行の性格を帯びたのは東北本線全線電化、複線化完成の1968（昭和43）年10月改正からで大幅にスピードアップされた。

　（下り）急行101列車「八甲田2号」上野19:00－仙台0:17/0:32－青森6:15

　（上り）急行102列車「八甲田2号」青森23:59－仙台6:00/6:06－上野11:20

　仙台～青森間で2等寝台車（→B寝台車）2両と座席車1両を増結し、下り列車は仙台駅で22時50分から利用できた。上野～青森間11時間15分は改正前の客車特急「はくつる」より速く、電化の威力を発揮した。

　この改正で上野～青森間急行は東北本線経由が「八甲田」、常磐線経由が「十和田」となった。（八甲田1号は昼行のディーゼル急行）

　1975（昭和50）年3月改正で、寝台車は仙台～青森間だけになり、上野発着編成はグリーン車、普通座席車、荷物車（下り）、郵便車（上り）だけのシンプルな編成になり、北海道周遊券で北海道を観光する学生など若者に愛用され、「カニ族ご用達列車」の異名があった。仙台～青森間連結のB寝台車は1978年10月改正時には外され、1979年4月からグリーン車も外され12系座席車だけとなった。東北新幹線開業後も運転され1985年3月から14系座席車となったが、この改正で常磐線経由「十和田」が廃止されている。1993年12月改正で臨時列車に格下げされ多客期だけの運転となったが、1998年夏が最後の運転だった。

利根川鉄橋を渡り大きくカーブして栗橋に近づくEF58 102（宇都宮運転所）が牽引する上り急行「八甲田」。機関車次位の郵便車は北海道から青函連絡船で航送された。次に普通車スハフ42、グリーン車スロ62、B寝台車スハネ16が編成され往年の長距離客車急行の姿である。◎栗橋　1973（昭和48）年4月　撮影：山田　亮

04 「はつかり」電車化と「みちのく」の凋落

04-1 「43−10」改正で「はつかり」電車化

1968（昭和43）年10月1日ダイヤ改正は、1965（昭和40）年から開始された第三次長期計画前半の成果を世に問うもので、特急大増発、電車特急120km／h、客車特急110km／h運転によるスピードアップ、東北本線全線電化複線化完成に伴う東日本での抜本的輸送改善が主眼で、現在でも「43−10」（よんさんとう）ダイヤ改正として語り継がれている。

この改正で「はつかり」は寝台座席兼用の583系電車化され、東北本線経由となり2往復に増発され、大幅にスピードアップされ最高120km／hになり上野〜青森間8時間30分となった。ダイヤ改正に先立ち9月9日（上りは9月10日）から、「はつかり」は従来の時刻で常磐線経由のままで583系化された。それまでの「はつかり」キハ81系を他線区に転用するためである。10月改正時の「はつかり」と接続の北海道内列車の時刻は次のとおり。

（下り）
上野10:15（特急2021M「はつかり1号」東北本線）仙台14:14/14:18〜青森18:47/19:10（青函27便）函館23:00/23:46（急行1217列車「すずらん6号」室蘭本線・千歳線経由）札幌6:10
上野15:40（特急1M「はつかり2号」東北本線経由）仙台19:38/19:42〜青森0:10/0:30（青函1便）函館4:20/4:40（特急1D「おおぞら」室蘭本線・千歳線経由）札幌8:55/9:00〜釧路14:51
函館4:45（特急11D「北海」函館本線経由）札幌9:15/9:20〜旭川11:16
（上り）
旭川17:10（特急12D「北海」函館木線経由）札幌19:05/19:10〜函館

23:45/0:05（青函12便）青森3:55（上り「はつかり1号」に接続）
釧路14:00（特急2D「おおぞら2号」室蘭本線・千歳線経由）札幌19:45/19:50〜函館0:10/0:30（青函2便）青森4:20/4:40（特急2M「はつかり1号」東北本線経由）仙台9:05/9:09〜上野13:10
札幌22:55（急行6116D「ニセコ4号」函館本線経由、季節列車）函館4:30/4:50（青函304便、季節運航）青森8:40/9:00（特急2022M「はつかり2号」東北本線経由）仙台13:27/13:31〜上野17:31

下り「はつかり2号」、上り「はつかり1号」は従来のディーゼル「はつかり」を受け継ぎ、大半の乗客が青函連絡船夜行便に乗り継ぎ、道内特急「おおぞら」「北海」に接続し、上野〜札幌間を17時間15分（下り）で結んだ。「北海道特急」「一県一停車特急」とも言われた。下り「はつかり1号」、上り「はつかり2号」は「みちのく特急」と言われ、東京（上野）と東北北部との連絡が目的で北海道への乗客は少なかった。

（1968年10月改正時の時刻は別表を参照されたい）

「十和田1号」に連結されていた食堂車オシ17 2017（青森運転所）。急行列車の食堂車は1972（昭和47）年11月の急行「きたぐに」火災事故（食堂車から出火）を機に全廃された。食堂車の次位にグリーン車スロ62を連結。
◎日暮里　1972（昭和47）年3月　撮影：山田 亮

04-2 ディーゼル「みちのく」と客車「十和田1号」

　この1968（昭和43）年10月改正でも、それまでの急行「みちのく」は客車、ディーゼルともに残った。ディーゼル急行下り「第1みちのく」、上り「第2みちのく」はそのまま「みちのく」として残り、運転区間も上野〜鳴子（現・鳴子温泉）、釜石経由宮古、花輪線経由弘前間（常磐線経由、盛岡〜大館で仙台〜秋田間釜石・山田線経由「陸中」を併結）で変わらなかった。

　客車急行下り「第2みちのく」、上り「第1みちのく」は、下り上りとも「十和田1号」と改称されて残った。この改正で同じ区間を走る列車の愛称名統一が行われ、上野〜青森間の急行は昼行、夜行ともに通し番号とし、常磐線経由が「十和田」、東北本線経由が「八甲田」となった。「十和田1号」は「白山」（上野〜金沢間、信越本線経由）、下り「ニセコ3号」上り「ニセコ1号」（函館〜札幌、函館本線経由、C62重連牽引で有名だった）とともに、昼行の定期客車急行として残った。客車「みちのく」（→十和田1号）が電車化されなかった理由は、食堂車を連結した長距離客車急行の形態を「変更する必要がなかった」からで、電車急行にするメリットがとくになかったからであろう。「十和田1号」の所要時間下り11時間35分、上り11時間33分は、改正前の12時間58分（下り上りとも）より1時間以上スピードアップされている。1968年10月改正時のディーゼル「みちのく」、客車「十和田1号」および東北本線経由のディーゼル「八甲田1号」（「三陸」を改称）の時刻は次のとおりである。全線電化したにもかかわらず、非電化区間への列車を連結するため「架線下ディーゼル」が残ったが、「八甲田1号」「みちのく」のディーゼル車の特性をフルに発揮した複雑な分割併合には

驚かされる。東北地方の支線からの上野直通の要望がそれだけ強かったことになる。

（下り）
上野6:55（急行101D「八甲田1号」東北本線経由）仙台12:18/12:25 〜盛岡15:08/15:15 〜青森18:25
（盛着16:21、久慈着18:30）
上野7:45（急行201D「みちのく」常磐線経由）仙台13:12/13:15 〜盛岡16:12/16:30（花輪線経由）弘前20:09
（鳴子着14:52、釜石経由宮古着19:00、盛岡〜大館間で仙台発釜石・山田線経由「陸中」を併結し秋田着21:12）
上野12:10（急行201列車「十和田1号」常磐線経由）仙台17:52/17:58 〜盛岡20:40/20:45 〜青森23:45/0:05（青函11便）函館3:55/5:05（急行101D「ニセコ1号」函館本線経由）札幌10:05
（上り）
根室8:00（急行404D「ニセコ3号」函館本線経由）札幌17:00/17:15 〜函館22:41/0:05（青函12便）青森3:55/5:20（急行202列車「十和田1号」）盛岡8:20/8:25 〜仙台11:06/11:16 〜上野16:53
（秋田発7:29山田・釜石線経由仙台行き「陸中」を大館〜盛岡間併結、宮古発9:40、鳴子発13:43）弘前8:40（急行202D「みちのく」花輪・常磐線経由）盛岡12:27/12:30 〜仙台15:28/15:33 〜上野21:02
（五能線深浦発7:00青森経由八戸線鮫行き「深浦」を青森〜尻内間併結、久慈発10:00、盛発12:10）青森10:05（急行102D「八甲田1号」東北本線経由）盛岡13:23/13:30 〜仙台16:10/16:15 〜上野21:38

04-3 急行を減らし特急中心に

　交通新聞（1969（昭和44）年3月23日付）は「国鉄輸送改善の方向、急行から特急中心へ」と題し、次のように伝える。「43−10以降6ヶ月が経過したが新幹線や在来線特急の乗車率がきわめてよく、上野〜仙台、上野〜新潟間などの日帰り圏では15〜18％の増加をみている。在来線特急乗車効率はきわ

めて高く輸送人員も従来の30％増である（中略）結果的には新幹線や在来線特急の乗車率が高いことから、国鉄の輸送改善の方向が正しかったことになる（中略）優等列車の総座席数のうち指定席は32％と従来より数パーセント増加したが、大半の特急では指定席の増加を上回る需要増を見せている。今後の指

定席拡充の方向を示している」。

「43-10」改正は特急大増発でそれまでの「特別な急行」が単なる特急になったとも言われたが、急行の向かい合わせ固定座席、非冷房（当時の急行は大半が非冷房）での長時間乗車が嫌われる傾向になってきた。それだけ世間一般の生活水準が向上したからである。当時、「3C」（カー、クーラー、カラーテレビ）という言葉が流行し「新三種の神器」とも言われたが、鉄道でそのレベルに達しているのは新幹線と特急しかなかった。

1969年夏に国鉄本社サイドで「今後の旅客営業ビジョン」がまとめられた。その骨子は①これからの優等列車は特急を中心とし特急列車網を全国に張り巡らせる、②今後新製する車両は原則として冷房付きとする、③今後は急行用車両は造らない、特急型と一般型（通勤型）だけにする、④マルス（オンラインでの指定席販売システム）など効率的な総合販売システムを整備する、などである（JTBパブリッシング「須田寛の鉄道ばなし」より）。この方針はさっそく実行され、急行型車両の製造は例外的なケースを除いて1969年限りで中止され、その後は特急型と近郊・通勤型だけになった。この「特急優先」が次の1970（昭和45）年10月および1972（昭和47）年3月改正時に一層鮮明になる。

04-4 「はつかり」増発と「みちのく」特急格上げ

1970（昭和45）年10月改正では「はつかり」が1往復増発された（下り1号上野7：05〜青森15：45、上り3号青森12：25〜上野21：00）。それまでのディーゼル急行「八甲田1号」を特急に格上げしたもので、一ノ関以北の停車駅が増えた。また「みちのく」も仙台で分割され、仙台〜秋田間（花輪線経由）「よねしろ」、仙台〜盛間「むろね2号」、仙台〜宮古間「さんりく」を併結した列車になり、盛岡〜秋田間で仙台〜秋田間（釜石・山田線経由）「陸中」を併結し、弘前発着は廃止された。この列車は仙台で上野〜仙台間「ひばり」に接続した。また常磐線内は下り上りとも451系電車急行「そうま2号」となり、伝統ある「みちのく」の愛称はいったん消えた。

次の改正は山陽新幹線岡山開業の1972（昭和47）年3月15日で、「はつかり」3往復のうち1往復（下り2号、上り3号）が東京発着となった。さらに客車急行「十和田1号」は特急に格上げされ「みちのく」となった。この改正時の「はつかり」「みちのく」の時刻は次のとおりで、車両はいずれも583系13両編成であるが、583系の増備は昭和46（1971）年度限りで打ち切られ、434両（581系を含む）となった。

（下り）
21M「はつかり1号」上野8:05〜仙台12:02/12:05〜青森16:29
23M「はつかり2号」東京10:55〜上野11:05〜仙台15:03/15:05〜青森19:30

11M「みちのく」（常磐線経由）上野14:48〜仙台19:22/19：26〜青森23:45
1M「はつかり3号」上野16:00〜仙台19：53/19：57〜青森0：15
（青森発0:35函館着4:25青函1便、函館発4:45「おおぞら1号」に接続、札幌着8:55、釧路着14:55）
（上り）
（釧路発14:20、札幌発20:05「おおぞら3号」函館着0:20、函館0:40青森着4:30青函2便から接続）
2M「はつかり1号」青森4:50〜仙台9:01/9:05〜上野13:04
12M「みちのく」（常磐線経由）青森4:53〜仙台9:12/9:16〜上野13:46
22M「はつかり2号」青森8:45〜仙台13:06/13:10〜上野17:09
24M「はつかり3号」青森14:00〜仙台18:21/18:25〜上野22:20〜東京22:27

この改正で下り「はつかり3号」は上野〜青森間735.8km（尾久経由のため時刻表上の735.6kmより0.2km長い）を8時間15分となり、表定速度は89.1km/hを記録し、札幌まで16時間55分で17時間を切った。下り「はつかり2号」は東京駅7番線10時55分発のため新幹線や九州発寝台特急から接続するが、上り「はつかり3号」は東京駅15番線に22時27分着で、反対側14番線22時30分発急行「銀河2号」大阪行きと23時35分発大垣行き夜行普通電車に接続した。

「みちのく」は「はつかり」（下り3号、上り1号）の補助列車の位置づけだったが、仙台付近から東北北部・北海道方面への乗客が多く、常磐線内は概して空席が多かった。この改正で上野〜盛岡間に電車急行「もりおか」（常磐線経由）が2往復登場したが、とくに下り「もりおか2号」はそれまでの「十和田1号」とほぼ同じ時間帯で、特急格上げに伴って通過となった駅を救済するためであろう。通過となった駅から青森・北海道方面へ行く場合は、「もりおか2号」から盛岡で特急に乗り換える必要があり、料金が二重に必要になった。「もりおか」は常磐線中距離急行「ときわ」をそのまま盛岡まで延長した形であるが、中近距離の区間旅客ばかりで乗り通す乗客はほとんどなかった。愛称「もりおか」も臨時列車のような「取って付けた」ような名前で、500km以上走るにもかかわらず時刻表巻末の列車編成表にも出ていない地味な存在だった。格上げ特急「みちのく」は急行時代に比べ大幅に停車駅が減ったため、苦情もあったと思われ、1973（昭和48）年10月時点では湯本、原ノ町、小牛田が停車駅に加わっている。

（1972年3月改正時の時刻は別表を参照されたい）

04-5 485系「はつかり」に投入

　1973（昭和48）年3月末日限りで、東京駅新幹線ホーム増設工事のため、東京駅への東北本線、常磐線、上越線、信越本線特急列車の乗り入れが中止され、「はつかり」下り2号、上り3号も東京発着が上野発着になった。

　1973年3月24日（下りは25日から）「はつかり」1往復が「毎日運転の臨時列車」として増発されたが、485系12両編成だった（下り3号上野11：33〜青森20：05、上り3号青森9：45〜上野18：09、それまでの3号は4号となる）。同年10月からはこの列車が定期化され、さらに1往復が485系で増発され、「はつかり」は5往復（583系3往復、485系2往復）となった。このころは高度経済成長が続いており国内旅行は活発で、Discover Japanキャンペーンもあって観光客が多く、新幹線も在来線特急も年間を通じて混んでいた。1973年暮れの第一次石油ショックで翌1974（昭和49）年は一転マイナス成長となったが、観光旅行は活発で、とくに夏の東北には「四大祭り」もあって多くの観光客が押し寄せた。海外旅行が一般的でなかったことも理由だろう。この「はつかり5往復」体制は山陽新幹線博多開業の1975（昭和50）年3月10日改正でも変わらなかった。1975年3月時点での「はつかり」「みちのく」時刻は次のとおり。

（下り）

21M「はつかり1号」上野7:30〜仙台11:28/11:30〜青森16:01

◎23M「はつかり2号」上野9:31〜仙台13:28/13:30〜青森18:01

25M「はつかり3号」上野10:30〜仙台14:28/14:30〜青森19:04

◎27M「はつかり4号」上野12:30〜仙台16:28/16:30〜青森21:01

11M「みちのく」（常磐線経由）上野14:48〜仙台19:22/19:25〜青森23:48

1M「はつかり5号」上野16:00〜仙台19:55/19:59〜青森0:15

（青森発0:35函館着4:25青函1便、函館発4:45「おおぞら1号」に接続、札幌着8:50、釧路着14:52）

（上り）

（釧路発14:25、札幌発20:10「おおぞら3号」函館着0:20、函館発0:40青森着4:30青函2便から接続）

2M「はつかり1号」青森4:50〜仙台9:03/9:07〜上野13:14

12M「みちのく」（常磐線経由）青森4:53〜仙台9:13/9:17〜上野13:45

◎22M「はつかり2号」青森8:15〜仙台12:43/12:45〜上野16:44

24M「はつかり3号」青森9:15〜仙台13:43/13:45〜上野17:44

◎26M「はつかり4号」青森11:20〜仙台15:43/15:45〜上野19:44

28M「はつかり5号」青森14:25〜仙台18:51/18:53〜上野22:56

（注）◎は485系12両編成、無印は583系13両編成

　1970年代半ばになると東北新幹線（大宮以北）の建設工事も進み、沿線各所で「ひかりは北へ」の看

板が目立つようになった。だが、大宮以南は沿線の反対運動も激しく、着工はおろか測量もできない状況で完成のめどは立たなかった。1976(昭和51)年11月、国鉄運賃、料金が大幅に上がり(旅客50.4%)、航空運賃との差が縮まった。すでに飛行機の優位が続いていた東京〜北海道間に加え、東京〜東北北部間、東北(仙台など)〜北海道間も飛行機への転移が目立つようになった。「はつかり」も北海道連絡客は減少したが東北本線内の乗客は増え、とくに仙台と東北北部間の乗客がかなり増えたようだ。仙台が東北の中心都市としての中枢機能を備えてきたからであろう。

04-6 1978年10月「はつかり」スピードダウン

「53−10」(ゴーサントウ)改正とも言われる1978(昭和53)年10月2日のダイヤ改正は、東北・上越新幹線開業の遅れに対応した東日本中心のダイヤ改正で、特急増発(片道あたり毎時4本運転)のために東北・高崎線の規格ダイヤを修正したが、他の列車への影響を少なくするため、上野〜宇都宮・高崎間で約8〜10分のスピードダウンが行われた。東北本線では宇都宮以北でも線路への負担を軽減するため運転時間が多少延長され、上野〜仙台間が4時間15分前後、上野〜青森間が8時間50分前後となる異例の改正であった。だが上野駅は高架、地平ともフル使用の状況で、新幹線上野駅建設のための20番線廃止の影響は大きく、新たな規格ダイヤによる増発が一部の時間帯を除いて不可能になった。この改正で列車の発車順を表す号数(はつかり○号)が、新幹線と同様に下り奇数、上り偶数となった。

この改正で「はつかり」は1往復増発されて6往復(583系、485系各3往復)となったが、最速を誇った上野発16時の「はつかり5号」(改正後「はつかり11号」)は上野発15時30分、青森着0時13分と30分近く延長され、所要8時間43分運転(表定速度84.4km/h)となって、車両も485系12両編成となり「北海道連絡列車は583系」の伝統が崩れてしまった。このころになると、青函連絡船への乗り継ぎ客も最盛期に比べればかなり減っていた。この「53−10」改正から、それまで全車指定席だった長距離の昼行特急に自由席が設置され、昼行定期特急すべてに自由席が連結された。「はつかり」も下り方3両が自由席となった。

(1978年10月改正時の時刻は別表を参照されたい)

04-7 臨時客車特急「はつかり51号」

1979(昭和54)年から1981(昭和56)年の多客期に、14系客車を使った臨時客車特急「はつかり51号」が運転された。1979年秋(10・11月)の運転時は週末中心に設定され、上りは翌日の臨時急行「八甲田54号」で折り返した。1979年秋運転時の時刻は次のとおり。14系客車10両編成で青森方3両が自由席である。

(特急9031列車「はつかり51号」)上野11:06〜仙台15:46/15:48〜青森20:53

(急行8104列車「八甲田54号」)青森7:17〜仙台14:17/14:31〜上野20:06

この時刻は上野発10時03分「はつかり5号」と12時33分「はつかり7号」の間に設定され、青森着20時53分の約30分後に上野を約1時間30分後に出た「はつかり7号」が到着する。

鉄道ジャーナル1980(昭和55)年11月号掲載の三浦衛「はつかりロコモーション」は同年8月上旬の「はつかり51号」乗車記だが、この記事を参考に14系客車特急「はつかり51号」の旅を再現してみよう。

上野駅はレジャー客で大変な混雑で喧噪うずまき、自由席はかなりの行列。この「はつかり51号」は7月26日から8月7日までの運転で、帰省ピーク時には運転されないから帰省列車ではなく東北への観光客輸送が主目的で、品川区と尾久区の14系客車10両編成が交互に運用に入る。牽引機は黒磯までEF58だが、残念ながらヘッドマークはない。蒸気特急時代のヘッドマークを再現して取り付ければ人気沸騰なのだが。

青森車掌区の車掌長の話では、上野発車時は指定席が定員480人に対して実乗426人、自由席が定員

208人に対して実乗278人で立ち客も目立つ。車内は家族連れや若者のグループが多く、レジャー列車であることがわかる。前の席の女の子が席を離れたが、しばらくして戻ってきて「えっ食堂車がない、どうして」と連れに言っていた。このころは東北特急のほとんどに食堂車が連結されていて、食堂車がない「はつかり」なんて信じられないという表情だった。宇都宮で車内販売が乗ったが、駅弁が飛ぶように売れる。黒磯は13時09分着で6分停車。多くの乗客がホームに出て立ち売りの駅弁を買っていて、古き時代の汽車旅の味わいだ。ここでED75に交代し、青森まで牽引するが、最高速度は100km /h。電車特急のように絶え間ない加速減速、直線にさしかかると急加速して120km /hの全速力で突進することはなく、客車らしい「ゆったりとした」走りだ。停車中も静寂そのもので「やはり客車だ」と感じる。もっとも電源装置のディーゼル機関のあるスハフ14ではエンジンが響いているが。

郡山発車時では指定席実乗448人、自由席実乗236人。「七夕」（たなばた）の飾り付けがある仙台では下車、乗車ともに少ない。上野〜仙台間4時間40分で「ひばり」より25分遅く、急行より35分ほど速いが、特急料金を払うには中途半端な存在だからだろう。一ノ関から先は停車駅が増え、停まるたびに

少しずつ乗客が減っていく。盛岡が近づくと並行する東北新幹線の高架がほぼ完成し、「ひかりは北へ」「北へ向かって東北時代」の看板があちこちにあるが、開通はいつになるのか見当がつかない。盛岡18時10分着の案内放送「山田線宮古方面は本日はありません。明朝5時51分発です」に驚くが、手元の時刻表バス私鉄欄を見ると盛岡発18時40分と19時20分の岩手県北バス宮古行きがある。三陸へはバスが主力なのだ。

盛岡を出て夕暮れの岩手山がシルエットのようにそびえる。岩手山を見るたび「はるばると来つるものかな」北東北へ来た感を深くする。日もほぼ暮れて空が濃紺から黒になりつつあるころ、奥中山のカーブを70〜80km /hで走る。「D51三重連」が消えてから十数年、時折すれ違うED75重連に新たな魅力を感じる。奥中山〜小繋間、峠のサミットである十三本木峠のトンネルを抜けるともう真っ暗。ここから青森まで漆黒の闇が続く。ここまで来ると車内はガランとし、上野発車時の喧噪が遠い国のできごとのように感じる。青森到着時の乗車は指定席158人、自由席49人とのことで、ほとんどの乗客は改札口に向かう。車掌長が「今日はねぶた祭り、この列車はねぶた祭りのための列車です」と言っていたが、祭りの囃子がどこからともなく聞こえ、駅も駅前も華やいだ雰囲気だ。

04-8 上野〜青森間「はつかり」最後の日々

1980（昭和55）年12月に国鉄は、東北新幹線は1982（昭和57）年春に開業、上野始発は1984（昭和59）年度とすると発表した。これは大宮以南の用地買収が進み上野開業の見通しがついたことに加え、大宮以北は99％工事が完成し、車両（200系）の搬入も進んでいることから、車両や線路をこれ以上遊ばせることはできないとの切実な事情があったからである。これで「はつかり」の行く末もようやく見えてきた。東北新幹線開通前年の1981（昭和56）年10月1日改正時の「はつかり」「みちのく」時刻は次のとおりである。

（下り）
21M「はつかり1号」上野7:33 〜仙台11:48/11:50 〜青森16:22
◎23M「はつかり3号」上野8:33 〜仙台12:48/

12:50 〜青森17:25
25M「はつかり5号」上野10:03 〜仙台14:18/14:20 〜青森19:04
27M「はつかり7号」上野12:33 〜仙台16:48/16:50 〜青森21:25
◎29M「はつかり9号」上野13:33 〜仙台17:48/17:50 〜青森22:25
11M「みちのく」（常磐線経由）上野14:48 〜仙台19:22/19:24 〜青森23:50
◎1M「はつかり11号」上野15:30 〜仙台19:42/19:44 〜青森0:13
（青森発0:35函館着4:25青函1便、函館発4:45「北斗1号」に接続、室蘭本線、千歳線経由札幌着8:57、函館発4:50「北海1号」に接続、函館本線経由札幌着9:22）

（札幌発19:20「北海4号」函館本線経由函館着23:55、札幌発20:00「北斗8号」千歳線、室蘭本線経由函館着0:20、函館発0:40青森着4:30青函2便から接続）

12M「みちのく」（常磐線経由）青森4:50 ～仙台9:20/9:22 ～上野13:55

◎2M「はつかり2号」青森4:53 ～仙台9:27/9:29 ～上野13:43

22M「はつかり4号」青森8:20 ～仙台12:51/12:53

～上野17:10

24M「はつかり6号」青森9:20 ～仙台13:51/13:53 ～上野18:09

◎26M「はつかり8号」青森11:20 ～仙台15:51/15:53 ～上野20:09

◎28M「はつかり10号」青森12:55 ～仙台17:26/17:28 ～上野21:42

30M「はつかり12号」青森14:25 ～仙台18:56/18:58 ～上野23:13

（注）◎は485系12両編成、無印は583系13両編成

04-9 「みちのく」東北新幹線愛称の公募で1位になるも…

　国鉄では東北・上越新幹線の愛称を一般から募集し、応募総数14万8,950票、東北は9万2,837票、上越は5万5,581票だった。1981（昭和56）年10月29日に列車名選考委員会が開かれ、東北は「やまびこ」「あおば」、上越は「あさひ」「とき」と決定された。応募ベスト10は東北が「みちのく」「あおば」「はやて」「いなづま」「やまびこ」「ひびき」「つばさ」「流星」「あさひ」「きたぐに」、上越は「とき」「雪国」「いなづま」「こしじ」「えちご」「はやて」「ひびき」「やまびこ」「ふぶき」「さど」の順だった。

　「みちのく」は東北新幹線の愛称として堂々1位だったが、選ばれなかった。「青森」のイメージが強いとされたからである。「みちのく」を国語辞典で調べると陸前（宮城県、岩手県）、陸中（岩手県、秋田県）、陸奥（青森県、岩手県）の三国の総称とあり、青森だけを指しているわけではないが、やはり「道の奥」のイメージはぬぐえなかったようだ。1982（昭和57）年の東北新幹線開通後「みちのく」は定期列車の愛称としては使われていない。

1970年夏、特急「とうほく」

　日本万国博覧会（大阪万博）が開かれた1970（昭和45）年の夏は空前の旅行ブームで全国各地から多くの人々が関西へ向かったが、東北でも注目すべき臨時列車が運転された。それが仙台～青森間に運転された臨時特急「とうほく」で、時刻は次の通りである。

　（9019M）仙台15:02－盛岡17:13/17:15－青森19:42

　（9020M）青森6:55－盛岡9:23/9:25－仙台11:38

　同年10月改正での増発に備えて製造された583系の早期落成車両を使用し、9両編成（食堂車営業、グリーン車なし）である。運転日は1970年8月2日から15日で、仙台七夕まつり、青森ねぶたまつりにあわせて運転された。「はつかり」は上野発のため仙台からでは特急券（当時は全車指定席）が取りにくく、初の仙台始発の下り特急は好評だったと伝えられる。仙台～青森間は4時間40分（下り）で「はつかり」と比べても10分程度長いだけで停車駅は一ノ関、水沢、北上、花巻、盛岡、尻内（現・八戸）、三沢、浅虫（現・浅虫温泉）だった。

夕暮れの好摩を通過する仙台発青森行き臨時特急「とうほく」。仙台七夕まつり、青森ねぶた祭り観光に便利な列車で、地方拠点都市間の特急は当時は珍しかった。◎好摩　1970（昭和45）年8月　撮影：島津順一

1970（昭和45）年8月2日から15日まで仙台〜青森間に運転された583系の臨時特急「とうほく」。初の仙台始発の下り特急で全車指定席。編成は583系9両で、「食堂車は営業したがグリーン車」はなし。時刻は下りが仙台発15：02、盛岡発17：15、青森着19：42。上りが青森発6：55、盛岡発9：25、仙台着11：38。◎好摩　1970（昭和45）年8月　撮影：島津順一

05 新幹線連絡特急になった「はつかり」

05-1 「はつかり」東北新幹線連絡特急に

　1982（昭和57）年6月23日、東北新幹線大宮～盛岡間が必要最小限の本数で開業した。これは1日でも早い開業を願う沿線の期待に応え、また夏季の多客期に間に合わせるためであった。「やまびこ」（大宮～盛岡間）4往復、「あおば」（大宮～仙台間）6往復の必要最小限の本数で、上野～大宮間は185系「新幹線リレー号」で連絡したが、並行する東北本線は新幹線の本数分だけ減少した。「やまびこ」（在来線）は廃止され、「ひばり」が6往復減って8往復になったが、「はつかり」6往復と「みちのく」は残り、同年11月改正までは新幹線と在来線特急の両方が走っていた。これは明らかに無駄だが、当時の国鉄の部内事情（複雑な労使関係など）から年2回も改正を行うことは困難だった。

　同年11月15日、上越新幹線（大宮～新潟間）が開業して全国ダイヤ改正が行われ、東北新幹線も増発された。東北在来線特急は一部を除いて廃止され、「みちのく」も廃止された。「はつかり」は盛岡～青森間の新幹線連絡特急になった。11往復（うち1往復は金土休日に弘前まで延長）で、所要2時間35分だが、青函連絡夜行便に接続する下り最終21号、上り始発2号は八戸だけ停車で2時間24分（下り）運転。11往復のうち2往復が583系13両編成、3往復が485系9両編成、6往復が485系6両編成だった。ここで上野～大宮～盛岡～青森～北海道間、昼行ルート、夜行ルートの代表的連絡時刻を示す。上野～青森間最短6時間34分（上り）である。

（下り）
上野7:17（新幹線リレー5号）大宮7:43/8:00（やまびこ13号）仙台9:59/10:01～盛岡11:17/11:30（特急はつかり7号）青森14:05/14:55（青函5便）函館18:45/19:00（特急北斗7号室蘭本線・千歳線経由）札幌23:25
上野17:17（新幹線リレー41号）大宮17:43/18:00（やまびこ41号）仙台19:59/20:01～盛岡21:17/21:30

（特急はつかり21号）青森23:54/0:35（青函1便）函館4:25/4:45（特急北斗1号室蘭本線・千歳線経由）札幌8:57、函館4:50（特急北海1号函館本線経由）札幌9:22
（上り）
札幌19:20（特急北海4号函館本線経由）函館23:55、札幌20:00（特急北斗8号千歳線・室蘭本線経由）函館0:20/0:40（青函2便）青森4:30/4:53（特急はつかり2号）盛岡7:15/7:30（やまびこ12号）仙台8:46/8:48～大宮10:47/11:01（新幹線リレー12号）上野11:27
札幌7:23（特急北斗2号千歳・室蘭線経由）函館11:53/12:15（青函8便）16:05/16:40（特急はつかり20号）盛岡19:15/19:30（やまびこ36号）仙台20:46/20:48～大宮22:47/23:03（新前橋発940M）上野23:28

　大宮開業のため上野～青森間では2回乗り換えが必要になった。青函夜行便接続ルートでは上野発17時17分、上野着11時27分で、1972（昭和47）年3月改正時の上野発16時、上野着13時04分と比べ、それほど短縮されたわけではない。注目すべきは、上野～札幌間「日着」で同年6月23日の暫定開業時には上りルートだけで可能になったが（注）、11月15日改正時から下り上りとも可能になった。これは日本の鉄道史上画期的なことであるが、すでに東京～北海道間は飛行機中心になっていたこともあって、一部の時刻表マニアの間で話題になった程度であった。

　（注）1982年8月3日～30日、客車急行「おいらせ51号」（盛岡11:20～青森14:17）が運転され、その期間中は上野～札幌間「下り」での日着が可能だった。

05-2 東北新幹線上野開業と「はつかり」

東北新幹線は当初、東京始発で上野公園の地下をトンネルで抜け、上野駅は設置されない予定であったが、地元台東区では新幹線上野駅誘致運動が起きた。国鉄としても、大宮以南の用地買収が進まない中で「できるところから」工事をしたい、また将来の東京延長時に東京駅ホームが東北・上越分として1面2線しか確保できないことからサブターミナルが必要との理由で上野駅設置を決め、1978（昭和53）年10月に着工された。1980（昭和55）年前後から大宮以南でも用地買収が進み、通勤新線（現・埼京線）併設や騒音防止の緩衝帯を線路両側に設置するなどの地元の要望を国鉄が受け入れたこともあって、工事がようやく進んだ。

1985（昭和60）年3月14日、東北・上越新幹線は上野始発となり、同時に全国ダイヤ改正が行われた。すでに国鉄は「分割民営化」に向かって舵を切っており、「風雲急」を告げる中での改正だった。この改正で東北新幹線「やまびこ」は240km/h運転となり、停車駅を絞った速達型が運行され上野〜盛岡間は最短2時間45分。「はつかり」は1往復増えて12往復（485系6両編成7往復、583系9両編成5往復）、うち1往復が金土休日および多客期に弘前へ延長され、上野〜青森間（盛岡乗り継ぎ）は最短5時間20分となった。この改正時の上野〜盛岡〜青森〜北海道間の代表的な連絡時刻は次のとおり。

（下り）

上野8:40（やまびこ1号）仙台10:33/10:34〜盛岡11:25/11:36（特急はつかり7号）青森14:02/14:50（青函5便）函館18:45/19:00（特急北斗9号室蘭本線・千歳線経由）札幌23:10

上野18:40（やまびこ23号）仙台20:34/20:35〜盛岡21:26/21:36（特急はつかり23号）青森0:09/0:30（青函1便）函館4:25/4:45（特急北斗1号室蘭本線・千歳線経由）札幌8:55、函館4:40（特急北海1号函館本線経由）札幌9:09

（上り）

札幌19:21（特急北海4号函館本線経由）函館23:55、札幌20:12（特急北斗10号千歳線・室蘭線経由）函館0:25/0:40（青函2便）青森4:30/4:49（特急はつかり2号）盛岡7:19/7:29（やまびこ2号）仙台8:20/8:21〜上野10:14

札幌7:30（特急北斗2号千歳線・室蘭本線経由）函館11:45/12:10（青函8便）16:05/16:30（特急はつかり22号）盛岡19:03/19:13（やまびこ74号）仙台20:29/20:31〜上野22:34

05-3 「はつかり」青函トンネルを抜け北海道へ

青函トンネルは当初、在来線規格で計画されたが、1970（昭和45）年に「全国新幹線鉄道整備法」が成立し、翌1971（昭和46）年に新幹線規格での工事線となった。だが東北新幹線盛岡以北の建設見通しが立たない中で、トンネルは在来線を通す方向に進み、1981（昭和56）年には鉄道建設審議会が青函トンネル3線軌道（標準軌と狭軌）方式を承認し、翌年から在来線からトンネルへの取り付け区間の工事が始まった。

青函トンネルは1985（昭和60）年3月10日に本坑53,850mが貫通し、同年夏から津軽線、江差線、函館本線五稜郭〜函館間の電化、軌道強化、行き違い設備新設、長大貨物列車運転のための構内有効長延長工事が始まった。1987（昭和62）年4月1日、国鉄は分割民営化されJR各社に引き継がれた。

新幹線接続特急になった「はつかり」は485系と583系で運行された。グリーン車は583系だけに連結され、485系は普通車だけだったが、グリーン車乗り放題のフルムーン夫婦グリーンパスなどでグリーン車の需要も多く、1987年10月から485系「はつかり」の青森方6号車が順次半室グリーン車（クロハ481-1000番台）となり、1988（昭和63）年3月から「はつかり」全列車にグリーン車が連結された。

1988（昭和63）年3月13日、青函トンネルが完成

して海峡線（中小国〜木古内間、旅客案内上は青森〜函館間を津軽海峡線とする）が開業し、同日限りで青函連絡船が廃止された。

この改正で「はつかり」は定期14往復（485系6両編成10往復、583系9両編成4往復）となり、うち2往復（485系）が青函トンネルを最高140km/hで抜けて函館まで延長され、盛岡〜青森間「はつかり」も青森〜函館間の快速客車列車「海峡」に接続した。青函連絡船夜行便の代替として、青森〜札幌間に夜行客車急行「はまなす」も登場した。この改正時における速達型「やまびこ」「はつかり」を軸にした上野〜北海道間の主な連絡時刻は次のとおりである。

（下り）
上野7:52（やまびこ1号）仙台9:34/9:36〜盛岡10:24/10:32（はつかり5号）函館14:51/15:00（北斗11号）札幌18:44

上野8:44（やまびこ11号）仙台10:34/10:36〜盛岡11:24/11:34（はつかり7号）青森13:52/14:03（海峡9号）函館16:48/17:00（北斗13号）札幌20:38

上野10:44（やまびこ15号）仙台12:34/12:36〜盛岡13:24/13:34（はつかり11号）青森15:57/16:11（海峡13号）函館18:42/18:57（北斗15号）札幌22:45

上野14:52（やまびこ3号）仙台16:34/16:36〜盛岡17:24/17:32（はつかり19号）函館22:06

上野17:44（やまびこ19号）仙台19:34/19:36〜盛岡20:24/20:32（はつかり25号）青森22:43/22:55（急行はまなす）札幌6:18

（上り）
札幌22:00（急行はまなす）青森5:17/5:25（はつかり2号）盛岡7:50/8:00（やまびこ10号）仙台8:49/8:50〜上野10:40

函館7:23（はつかり10号）盛岡11:52/12:00（やまびこ2号）仙台12:49/12:50上野14:32

札幌8:01（北斗2号）函館11:45/11:53（海峡8号）青森14:20/14:33（はつかり20号）盛岡16:50/17:00（やまびこ20号）仙台17:49/17:50〜上野19:40

札幌8:54（北斗4号）函館12:43/12:54（海峡10号）青森15:29/15:38（はつかり22号）盛岡17:55/18:05（やまびこ54号）仙台19:19/19:21〜上野21:24

札幌10:07（北斗6号）函館13:50/13:58（海峡12号）青森16:28/16:38（はつかり24号）盛岡8:55/19:05（やまびこ56号）仙台20:19/20:21 -- 上野22:24

札幌11:37（北斗8号）函館15:21/15:29（はつかり26号）盛岡19:52/20:00（やまびこ4号）仙台20:49/20:50〜上野22:32

この改正で速達「やまびこ」と「はつかり」乗り継ぎで上野〜青森間は最短4時間51分（下り）となり、上野〜札幌間は10時間52分（下り）となった。すでに特急中心時代になっていたにもかかわらず、青森〜函館間に人手のかかる客車快速が登場したのは奇異に思われるが、乗車券だけで乗れる連絡船の代替であること、余剰のED75（改造後ED79）形電気機関車、50系客車の有効活用が理由である。連絡船廃止に伴うJR社員の雇用対策の側面もあったとされる。

05-4 「はつかり」は「白鳥」となって北へ

青函トンネル開通時、盛岡〜函館を結ぶ「はつかり」は2往復であったが、1990（平成2）年7月1日、上磯〜茂辺地間に矢不来信号場が新設されたことに伴うダイヤ改正があり3往復となった。下りでは新設された1往復は仙台発の始発「あおば」に接続するパターンであった。上りでは速達「やまびこ」に接続する札幌〜上野間のパターンが変更された。変更された接続パターンは次の通り。

（下り）仙台6:46（あおば271号）盛岡8:05/8:19（はつかり1号）函館12:52/12:58（北斗9号）札幌16:44

（上り）札幌9:26（北斗6号）函館13:15/13:29（はつ

かり22号）盛岡17:52/18:00（やまびこ4号）仙台18:49/18:50〜上野20:32

1991（平成3）年6月20日、東北新幹線東京〜上野間が開業して東京駅に乗入れたが、東北新幹線および「はつかり」の時刻や運行パターンに大きな変化はなかった。本州内の「はつかり」は485系と583系の両方が使用されていたが、583系の運用は徐々に減り、1993（平成5）年12月改正時に定期運用から撤退した。その後は多客期の臨時列車として2002（平成14）年12月改正時まで運行されていた。2000（平成12）年3月までは485系検査時の「代走」

で走ることもあった。

　1996（平成8）年4月から485系1000番台をリニューアルした正面イエロー、車体側面下部をブルーバイオレットとした485系3000番台が順次投入された。

　1997（平成9）年3月22日、秋田新幹線開通に伴うダイヤ改正で、盛岡〜函館直通「はつかり」は4往復となった。1998（平成10）年12月8日、それまで深夜22時52分函館着だった「はつかり」を青森止まりとし、青森を朝発車する「はつかり」（41号、青森7：30〜函館9：22）が登場した。これで「はつかり」は下り15本、上り14本、うち盛岡〜函館直通は下り3本、上り4本、盛岡〜青森間が下り11本、上り10本となった。

　2000年3月11日、盛岡〜青森間「はつかり」のうち7往復にE751系が投入され「スーパーはつかり」となった。最高130km/h運転で10分程度短縮され最短1時間57分運転になったが、E751系は青函トンネル用のATCを装備しておらず、函館への乗入れはできなかった。2001（平成13）年12月1日のダイヤ改正が「はつかり」としての最後の運行ダイヤであるが、翌2002年3月23日にJR北海道でダイヤ改正があり、津軽海峡線でも若干の修正があった。2002年3月23日改正時における速達「やまびこ」および盛岡〜函館間「はつかり」を軸にした東京〜北海道間の主な連絡パターンは次のとおりである。

（下り）
仙台6:37（やまびこ61号）盛岡7:53/8:26（はつかり1号）函館12:37/12:43（スーパー北斗9号）札幌15:58
東京7:40（やまびこ3号）仙台9:22/9:23〜盛岡10:09/10:19（はつかり5号）函館14:38/15:04（スーパー北斗13号）札幌18:18
東京8:52（やまびこ7号）仙台10:36/10:38〜盛岡11:31/11:39（スーパーはつかり7号）青森13:52/14:07（海峡7号）函館16:46/17:16（スーパー北斗17号）札幌20:16
東京9:56（やまびこ9号）仙台11:40/11:42〜盛岡12:31/12:41（はつかり9号）青森14:56/15:20（海峡9号）函館18:14/18:20（北斗19号）札幌21:54
東京12:04（やまびこ13号）仙台13:51/13:53〜盛岡14:38/14:48（はつかり13号）函館19:13/19:23（スーパー北斗21号）札幌22:42

東京13:25（やまびこ15号）仙台15:01/15:03〜盛岡15:46/15:54（スーパーはつかり15号）青森17:52/18:08（海峡11号）函館20:40
東京18:08（やまびこ25号）仙台19:49/19:50〜盛岡20:34/20:48（はつかり25号）青森23:03/23:08（急行はまなす）札幌6:18
（上り）
札幌21:58（急行はまなす）青森5:18/5:41（はつかり2号）盛岡7:55/8:11（やまびこ4号）仙台9:05/9:07〜東京10:48
函館7:45（はつかり10号）盛岡12:02/12:10（やまびこ12号）仙台12:55/12:56〜東京14:44
札幌7:00（スーパー北斗2号）五稜郭10:06/10:09（はつかり14号）盛岡14:14/14:22（やまびこ16号）仙台15:05/15:07〜東京16:52
札幌7:27（北斗4号）函館10:53/10:59（海峡4号）青森13:27/13:31（はつかり18号）盛岡15:41/15:50（やまびこ20号）仙台16:45/16:46〜東京18:32
札幌8:34（スーパー北斗6号）函館11:52/12:06（海峡6号）青森14:34/14:39（スーパーはつかり20号）盛岡16:51/17:02（やまびこ22号）仙台17:53/17:54〜東京19:32
札幌9:50（北斗8号）函館13:32/13:40（はつかり22号）盛岡17:52/18:01（やまびこ24号）仙台18:45/18:47〜東京20:25
札幌12:22（スーパー北斗12号）函館15:30/15:36（はつかり26号）盛岡19:50/20:00（やまびこ28号）仙台20:43/20:45〜東京22:32

　下りは東京〜青森間最短4時間27分、東京〜札幌間最短10時間38分、上りは青森〜東京間最短4時間33分、札幌〜東京間最短9時間52分である。この9時間52分は驚異的な速さで、しかも函館ではなく五稜郭乗り換えである。関係者の時間短縮への執念を感じさせる。

　2002年12月1日、東北新幹線盛岡〜八戸間が延伸開業し、接続特急は八戸〜函館間789系「スーパー白鳥」、485系3000番台「白鳥」、八戸〜弘前・青森間E751系「つがる」となった。「はつかり」は廃止されたわけでなく、「白鳥」に変身して北へ羽ばたいていったと言うべきだろう。

　その後の変化を簡単に述べると、2010年（平成22）年12月4日に東北新幹線八戸〜新青森間が開業、東京〜新青森間はE2系「はやて」で最短3時間23

分（上りは3時間20分）となり、新青森〜函館間には789系「スーパー白鳥」、485系3000番台「白鳥」が接続し、東京〜札幌間最短9時間16分（上りは9時間08分）となった。2016（平成28）年3月26日、北海道新幹線新青森〜新函館北斗間が開業し、東京〜新

函館北斗間はE5系、H5系「はやぶさ」で最短4時間02分となり、東京〜札幌間は最短7時間44分となった。「はつかり」も「みちのく」も歴史に残るだけだが、その功績はいつまでも称えられるであろう。

常磐線経由「はつかり51号」「常磐はつかり」

1968年10月「43−10」改正での「特急大増発」以降、乗客も「急行より特急」を望む傾向が強まった。特急の高速性、冷房完備、座席確保が時代の要求にマッチしていたからである。

1970年夏は東北本線においても旅客の動きは活発で、当時2往復の「はつかり」は発売と同時に満席となっていて、増発の要望は極めて強かった。そこで、臨時特急「とうほく」をそのまま上野まで延長するアイデアが浮上した。「とうほく」は青森運転所の583系9両編成が青森〜仙台間を1日1往復したが、上野まで運転するとなると2編成必要になる。そこで、上り夜行特急「ゆうづる2号」が下り「はくつる」で折り返していた運用を見直し、上り「ゆうづる2号」を下り「臨時はつかり」で折り返し、上り「臨時はつかり」を下り「はくつる」で折り返す運用として1編成を捻出し、あわせて2編成を確保する見通しがたった。次の難問は仙台以南の線路容量であったが、東北本線経由とすることは定期列車の大幅時刻変更が必要で困難だった。そこで常磐線経由が浮上した。常磐線では海水浴臨時列車が8月上旬で運転が終了することも幸いし、ダイヤ設定は幾分楽で、常磐線経由の臨時特急「はつかり51号」が急遽運転されることになった。この常磐線経由「はつかり51号」の時刻は次の通りである。

（8001M）上野11:27（常磐線経由）仙台16:32/16:34−青森21:20

（8002M）青森6:55−仙台11:38/11:40（常磐線経由）上野16:49

583系13両編成で運転期日は1970年8月16日から25日まで、途中停車駅は水戸、平（現・いわき）、仙台、一ノ関、水沢、盛岡、尻内（現・八戸）、三沢だった。この臨時「はつかり51号」は市販の時刻表には掲載されず、駅の掲示だけで旅客に周知したが、発売と同時に満席となり関係者は胸をなでおろした。ただ、常磐線経由であるため、「はつかり」は東北本線経由と思い込んだ特急券を持たない「飛び込み」乗客の誤乗が発生し、

駅や車内の案内放送で「常磐線経由」を強調するなどの対策が取られた。

1970〜71年の年末年始の運転時は誤乗防止のため「常磐はつかり」として運転された。翌1971年春の運転時から東北本線経由となり「はつかり51号」として583系で運転された。同年夏の時刻は次の通り（運転日は1971年8月1〜23日）。

（8001M）上野12:20−仙台16:32/16:34−青森21:09

（8002M）青森8:10−仙台12:40/12:42−上野16:45

この「はつかり51号」は翌1972年3月改正時から時刻が下りは繰り上げ（上野11：33〜青森20：05）上りは繰り下げ（青森9：45〜上野18：09）となり、翌1973年3月24日（下りは25日）から485系12両編成の「毎日運転の臨時列車」（下り上りとも「はつかり3号」）となった。（その後の変遷は本文参照のこと）

1976（昭和51）年夏および同年暮れから1977年にかけて、年末年始に運転された上野〜青森間の14系臨時客車特急。交流区間はED75が牽引した。この列車は「はくつる51号」（上野20：00〜青森6：22）だが「はつかり51号」も14系客車の同じような編成である。
◎野辺地　1976（昭和51）年8月　撮影：山田 亮

常磐線経由時代の特急「はつかり」急行「みちのく」およぴ接続の青函連絡船、北海道内列車の時刻表
(特記以外は発時刻　尻内は1971.4.21八戸と改称、平は1994.12.3 いわきと改称)
下り

項目	1950.10.1	1956.11.19	1958.10.10	1958.10.10	1960.12.10	1960.12.10	1961.3.1	1961.3.1	1961.10.1	1961.10.1	1965.10.1	1965.10.1	1965.10.1
列車番号	急行201	急行201	急行201	特急1	急行201	特急1	急行201	特急1	急行11	特急1D	急行201D	急行201	特急1D
列車名	みちのく	みちのく	みちのく	はつかり	みちのく	はつかり	みちのく	はつかり	みちのく	はつかり	第1みちのく	第2みちのく	はつかり
上野	935	950	950	1220	955	1230	955	1315	950	1330	740	930	1315
水戸	1132	1141	1140	1402	1140	1407	1140	1444	1135	1455	926	1124	1447
平	1308	1316	1315	1526	1311	1526	1315	1558	1306	1607	1048	1251	1600
仙台着	1552	1547	1551	1743	1551	1740	1549	1807	1534	1813	1312	1530	1805
仙台発	1602	1557	1600	1748	1600	1745	1557	1811	1542	1817	1315	1539	1809
一ノ関	1750	1742	1744	1918	1744	1911	1740	1930	1722	1933	1445	1718	レ
盛岡着	1944	1928	1928	2047	1928	2034	1921	2046	1903	2047	1612	1848	2026
盛岡発	1951	1933	1940	2051	1940	2038	1933	2048	1914	2049	1620	1900	2030
尻内	2201	2155	2150	2243	2150	2227	2147	2230	2132	2229	1837	2122	2214
青森着	2350	2343	2340	020	2340	2358	2340	2358	2323	2355	2017	2320	2340
備考	急行101列車 上野発845 仙台着1544 から客車2両 連結	急行「青葉」上野発900 仙台着1540 から客車2両 連結	盛岡青森間 不定期列車 急行「青葉」上野発900 仙台着1544 から客車2両 連結	「はつかり」客車列車で登場	盛岡青森間 不定期列車 急行「青葉」上野発935 仙台着1545 から客車2両 連結	ディーゼル化 時刻は1959.9.22改正時と変わらず	盛岡青森間 定期化 急行「青葉」上野発935 仙台着1543 から客車2両 連結	スピードアップ	急行「青葉」上野発920 仙台着1528 から客車2両 連結		大野着2125 鳴子着1451 「陸中」併結 盛着1714 宮古着1853		
青森	1便 040	11便 040	11便 040		11便 020		11便 020		1便 010		1便 001	101便 010	
函館着	510	510	510		450		450		435		350	440	
列車番号	急行1	急行1	急行1101		急行1101		急行1101		急行11		特急1D	急行101D	
列車名	大雪	大雪	石狩		大雪		石狩		大雪		おおぞら	ライラック	
函館	550	600	530		530		510		600		410	500	
札幌着	1200	1144	1140		1052		1104		1125		840	1000	
備考	網走着2225 旭川網走間 普通列車 函館本線経由	網走着2213 旭川網走間 普通列車 函館本線経由	不定期列車 室蘭千歳線経由		不定期列車 室蘭千歳線経由 旭川着1341 函館本線経由		不定期列車 室蘭千歳線経由 旭川着1341 函館本線経由		函館本線経由		旭川着1045 釧路着1455 室蘭千歳線 経由	函館本線経由	

下り

	1950.10.1	1956.11.19	1958.10.10	1958.10.10	1960.12.10	1960.12.10	1961.3.1	1961.3.1	1961.10.1	1961.10.1	1965.10.1	1965.10.1	1965.10.1
列車番号	急行2	急行2	急行2	急行1102	急行1102	急行2	急行1102	急行2	急行12	特急2D	急行102D	特急2D	
列車名	大雪	大雪	大雪	石狩	石狩	大雪	石狩	大雪	大雪	おおぞら	ライラック	おおぞら	
備考	網走発610 網走旭川間普通列車 函館本線経由	網走発618 網走旭川間普通列車 函館本線経由	網走発618 網走旭川間普通列車 函館本線経由	不定期列車 室蘭千歳線経由	不定期列車 室蘭千歳線経由	函館本線経由	不定期列車 室蘭千歳線経由	旭川発1510 函館本線経由	函館本線経由	旭川発1730 室蘭千歳線経由	函館本線経由	釧路発1320 旭川発1730 室蘭千歳線経由	
札幌発	1645	1645	1645	1650	1715	1757	1712	1757	1655	1930	1720	1935	
函館着	2308	2232	2232	2305	2307	2325	2307	2325	2230	2400	2230	005	
函館発	2350（2便）	2345（12便）	2345（12便）	2340（12便）		2355（12便）		2355（12便）		015（2便）	001（102便）	025（2便）	
青森着	430	425	425	420		435		435		445	350	415	
列車番号	急行202	急行202	特急2	急行202	特急2	急行202	特急2	急行202	特急2D	急行12	特急2D	急行202	急行202D
列車名	みちのく	みちのく	はつかり	みちのく	はつかり	みちのく	はつかり	みちのく	はつかり	みちのく	はつかり	第1みちのく	第2みちのく
青森	515	525	500	525	500	525	500	521	505	535	435	505	828
尻内	706	716	642	720	634	718	629	718	631	733	602	712	1020
盛岡着	930	935	834	934	822	935	813	937	813	947	756	933	1228
盛岡発	938	940	838	942	826	941	815	943	815	954	800	940	1235
一ノ関	1133	1125	1005	1127	950	1127	932	1127	929	1134	レ	1122	1410
仙台着	1320	1312	1130	1312	1115	1312	1049	1312	1044	1313	1019	1259	1540
仙台発	1327	1324	1135	1325	1120	1325	1053	1325	1048	1323	1023	1305	1543
平	1642	1557	1359	1608	1339	1608	1304	1605	1255	1554	1231	1551	1813
水戸	1816	1731	1522	1741	1458	1741	1418	1741	1407	1724	1345	1717	1933
上野着	2015	1920	1700	1931	1630	1924	1545	1924	1535	1909	1515	1910	2114
備考	急行102列車 仙台発1336 上野着2042 ←客車2両連結	急行「青葉」 仙台発1330 上野着2025 ←客車2両連結	「はつかり」客車列車で登場	青森盛岡間 不定期列車 急行「青葉」 仙台発1335 上野着2020 ←客車2両連結	ディーゼル化 時刻は1959.9.22改正時と変わらず	青森盛岡間 不定期列車 急行「青葉」 仙台発1335 上野着2012 ←客車2両連結	スピードアップ	青森盛岡間 定期列車 急行「青葉」 仙台発1335 上野着2012 ←客車2両連結		急行「青葉」 仙台発1335 上野着1950 ←客車2両連結			大鰐発723 鳴子発1344 「陸中」併結 宮古発946 盛岡発1134

東北本線全線電化以降の「はつかり」「みちのく」「十和田1号」およひ接続の青函連絡船、北海道内列車の時刻表
（特記以外は発時刻　北福岡は1987.2.1二戸と改称）

浅虫は1986.11.1浅虫温泉と改称　「はつかり」は特記以外583系

下り

	1968.10.1				1972.3.15				1978.10.2						
列車番号	急行201D	特急2021M	急行201	特急1M	特急21M	特急23M	特急11M	特急1M	特急21M	特急23M	特急25M	特急27M	特急29M	特急11M	特急1M
列車名	みちのく	はつかり1号	十和田1号	はつかり2号	はつかり1号	はつかり2号	みちのく	はつかり3号	はつかり1号	はつかり3号	はつかり5号	はつかり7号	はつかり9号	みちのく	はつかり11号
上野	745	1015	1210	1540	805	1105	1448	1600	733	833	1003	1233	1333	1448	1530
大宮		1038		レ	826				759	859	1029	1259	1359		レ
宇都宮		レ		1652	916			1712	857	957	1127	1357	1457		1652
郡山		1241		レ	1034	1334		レ	1018	1118	1248	1517	1618		1810
福島		1316		1842	1107	1408		1859	1052	1153	1323	1552	1653		1845
水戸	934						1616							1611	
日立	959						1639							1635	
湯本	1041													1715	
平	1053						1728							1725	
原ノ町	1204													1826	
仙台着	1312	1414	1752	1938	1202	1503	1922	1953	1148	1248	1418	1648	1748	1922	1942
仙台発	1315	1418	1758	1942	1205	1505	1926	1957	1150	1250	1420	1650	1750	1924	1944
小牛田	1356		1837		1221						1524	1753	1856	1955	2048
一ノ関	1444		1923		1306		2027		1256	1354		1810	1913	2030	
水沢	1507		1944							1422	1541		1926		
北上	1523		2000			1642									
花巻	1542		2012												
盛岡着	1612	1622	2040	2144	1403	1705	2123	2155	1333	1454	1602	1856	2000	2128	2150
盛岡発	1630	1624	2045	2146	1405	1707	2125	2157	1357	1456	1626	1858	2002	2130	2152
一戸			2143		1455		2210		1448	1554		1943	2050	2215	
北福岡	弘前着2009														
三戸															
八戸		1739	2220		1522	1822	2240		1516	1612	1744	2018	2118	2246	2308
三沢			2240		1537	1837	2255		1531	1628	1803	2034	2133	2301	
野辺地			2305		1613	1857			1606	1649	1825		2153		
浅虫		1830	2326			1915					1845				
青森着		1847	2345	010	1629	1930	2345	015	1622	1725	1904	2125	2225	2350	013
備考	鳴子着1452 宮古着1900							東京発1055	485系	485系			485系		485系

青函連絡船・北海道内列車（接続）

	1968.10.1				1972.3.15				1978.10.2			
青森発	27便 1910	11便 005	1便 030		27便 1950	11便 010	1便 035		27便 1925	11便 010	1便 035	
函館着	2300	355	420		2340	400	425		2315	400	425	
列車番号	急行1217	特急1D	特急11D	急行101D	急行1217	特急1D	特急11D	急行101D	急行1217	特急1D	特急11D	急行101D
列車名	すずらん6号	おおぞら	北海	ニセコ1号	すずらん6号	おおぞら1号	北海	ニセコ1号	すずらん5号	おおぞら1号	北海	ニセコ1号
函館	2346	440	445	505	2359	445	450	505	2340	445	450	505
札幌着	610	855	915	1005	619	855	915	1005	608	854	915	1006
備考	室蘭千歳線経由	釧路着1451 室蘭千歳線経由	旭川着1116 函館本線経由	函館本線経由	室蘭千歳線経由	釧路着1455 室蘭千歳線経由	旭川着1105 函館本線経由	函館本線経由	室蘭千歳線経由	釧路着1502 室蘭千歳線経由	旭川着1105 函館本線経由	函館本線経由

道内・青函連絡（札幌〜青森着）

駅	急行404D ニセコ3号	特急12D 北海	特急2D おおぞら	急行404D ニセコ3号	特急12D 北海	特急2D おおぞら3号	急行104D ニセコ4号	特急12D 北海	特急2D おおぞら6号	急行1218 すずらん6号
	1968.10.1			1972.3.15			1978.10.2			
備考	根室発800 函館本線経由	旭川発1710 函館本線経由	釧路発1400 室蘭千歳線経由	根室発830 函館本線経由	旭川発1735 函館本線経由	釧路発1420 室蘭千歳線経由	函館本線経由	旭川発735 函館本線経由	釧路発1410 室蘭千歳線経由	室蘭千歳線経由
札幌	1715	1910	1950	1802	1925	2005	1802	1925	2005	2315
函館着	2241	2345	010	2305	2355	020	2305	2355	020	610
函館（連絡船）		12便 005	2便 030		12便 015	2便 040		12便 015	2便 040	26便 710
青森着	355	355	420	405	405	430	405	405	430	1100

東北・常磐線（青森〜上野着）

駅	特急2M はつかり1号	急行202 十和田1号	特急2022M はつかり2号	特急2M はつかり1号	急行202D みちのく	特急12M みちのく	特急22M はつかり2号	特急24M はつかり3号	特急2M はつかり2号	特急12M みちのく	特急22M はつかり4号	特急24M はつかり6号	特急26M はつかり8号	特急28M はつかり10号	特急30M はつかり12号
	1968.10.1			1972.3.15					1978.10.2						
青森	440	520	900	450		453	845	1400	453	450	820	920	1120	1255	1425
浅虫	レ	536	レ	レ		レ	レ	レ	レ	レ	レ	レ	レ	レ	レ
野辺地	レ	558	レ	レ		レ	レ	レ	レ	レ	レ	レ	レ	レ	レ
三沢	レ	622	レ	レ		レ	レ	レ	537	レ	レ	レ	レ	レ	レ
八戸	レ	645	1006	レ		レ	レ	レ	537	レ	910	1011	1210	1342	1513
三戸	レ	715	レ	レ		レ	レ	レ	レ	レ	レ	レ	レ	レ	レ
北福岡	レ	723	レ	レ		レ	レ	レ	レ	レ	レ	レ	レ	レ	レ
一戸	レ		レ	レ		レ	レ	レ	レ	レ	レ	レ	レ	レ	レ
盛岡着	700	820	1123	703	1227	711	1105	1618	717	709	1044	1144	1343	1516	1648
盛岡発	702	825	1125	705	1230	713	1107	1620	719	711	1046	1146	1345	1518	1650
花巻	レ	854	レ	レ	1303	レ	レ	レ	レ	レ	レ	レ	レ	レ	レ
北上	レ	905	レ	レ	1314	レ	レ	レ	レ	レ	レ	レ	レ	レ	レ
水沢	レ	919	レ	レ	1328	レ	レ	レ	レ	レ	レ	レ	レ	レ	レ
一ノ関	レ	942	レ	レ	1353	レ	レ	レ	レ	レ	レ	レ	レ	レ	レ
小牛田	レ	1028	レ	レ	1447	レ	レ	レ	レ	レ	レ	レ	レ	レ	レ
仙台着	905	1106	1327	901	1528	912	1306	1821	927	920	1251	1351	1551	1726	1856
仙台発	909	1116	1331	905	1533	916	1310	1825	929	922	1253	1353	1553	1728	1858
原ノ町		1224			1641					1019					
平		1342			1755					1121					
湯本		1349			1802					1129					
日立		1435			1844	1158				1210					
水戸		1505			1912	1223				1236					
福島	1006		1428	1002					1026		1349	1449	1649	1826	1955
郡山	レ		1504						1101		1424	1525	1724	1901	2030
宇都宮	1200			1155					1220		1546	1645	1845	2020	2150
大宮着	レ			レ					1316		1645	1743	1943	2116	2246
上野着	1310	1653	1731	1304	2102	1346	1709	2220	1343	1355	1710	1809	2009	2142	2313
（備考）		宮古発940 鳴子発1343						東京着2227	485系	485系	485系	485系	485系	485系	485系

仙台機関区に待機するC61。車両の近代化が遅れた東北では、客車や気動車の時代がかなり長く、運用面でも車両面でも個性
の強い列車が多かった。◎仙台機関区　1960（昭和35）年5月　撮影：大山 正

上野駅の高架ホームを発車する客車特急時代の「はつかり」。最後部はスハフ43でバックサインが掲出されている。その前は1等車ナロ10、食堂車オシ17が続く。塗装は「あさかぜ」などの20系特急客車と同じ青色でクリーム色の帯が入り特急らしくする努力がなされた。◎上野　1960（昭和35）年5月　撮影：日比野利朗

常磐線柏付近を行くキハ81先頭の上
りディーゼル特急「はつかり」。この
区間は「国電区間」で上野～取手間
の常磐線国電（国鉄電車の略称）と平
行ダイヤだった。1961（昭和36）年
6月に電化は勝田まで延長され、交
直流401系電車が投入されたが、客
車列車はSL（旅客はC62、C60、C
57、貨物はD51）が牽引し、蒸気列
車、ディーゼル列車、交直流401系電
車、72系などの旧型電車が混在した。
当時の常磐線は江戸川を渡り松戸を
過ぎると田園地帯が広がり雑木林が
点在する風景だった。
◎我孫子～柏
1961（昭和36）年10月
撮影：岩沙克次

蒲須坂付近を走る583系の下り「はつかり」。上野発10時30分の「はつかり3号」と思われる。正面列車名表示は文字だけで、1978（昭和53）年10月から絵入りになった。◎蒲須坂　1978（昭和53）年7月　撮影：太田正行

福島を発車して桑折を過ぎると徐々に高度を上げ、藤田〜貝田間では福島盆地が眼下に広がる。東北自動車道と並行して勾配を上る485系の下り「はつかり」。先頭は正面貫通型のクハ481-200番台。ここは越河峠と呼ばれ、SL時代は蒸気機関車が重連で勾配に挑む難所で、主要列車はこの峠を避け常磐線を経由した。◎藤田〜貝田　1978（昭和53）年8月　撮影：太田正行

583系13両編成の上り「はつかり4号」（青森発8時20分）。3線が並行する区間で、真ん中の線は丸森線（現・阿武隈急行）で
当時は非電化だった。「はつかり」前面の列車名表示は1978（昭和53）年10月から絵入りとなった。583系「はつかり」は翌
1979（昭和54）年10月からグリーン車が2号車から6号車に変更された。
◎槻木〜船岡　1981（昭和56）年1月　撮影：山田 亮

野内〜浅虫間の「浦島」付近を
行く583系上り「はつかり3号」
（青森発9時15分）。線路の手前
を横切る築堤は旧線跡と思われ
る。後方は青森湾で、青函連絡船
の時代はこの付近から海上を行く
連絡船を眺めることができた。
◎野内〜浅虫
1977（昭和52）年10月
撮影：太田正行

上野駅の地平ホームから発車して北へ向かう583系「はつかり」。日暮里〜上野間は10線が平行する。写真右側から山手、京浜東北線、東北本線、常磐線が並び、奥側には京成電鉄の高架が見える。東北本線の線路は4線で中間の2線は地平ホーム発着、両側の2線は高架ホーム発着である。地平発着、高架発着の振り分けは尾久構内で行う。
◎上野　1979（昭和54）年7月23日　撮影：安田就視

上越新幹線開業、東北新幹線増発の全国ダイヤ改正の前日、1982（昭和57）年11月14日は日曜日で、上野駅や沿線各地で多くの「撮り鉄」が最後の在来線特急列車をカメラに収めた。浦和駅南側を行く上野発最終日の485系「はつかり」。光線状態から「はつかり9号」（上野発13時33分）である。すでに食堂車は外され、編成は減車されて9両である。
◎南浦和〜浦和　1982（昭和57）年11月14日　撮影：太田正行

東武日光線との交差地点をくぐり、栗橋構内にさしかかる下り「はつかり」。光線状態から下り「はつかり3号」と思われる。
右側には栗橋の貨物ホームが見え、画面左側には東武の架線柱が見える。◎栗橋　1977（昭和52）年1月　撮影：太田正行

昔ながらの田園風景も残る久喜～栗橋間を行く583系下り「はつかり」。1978（昭和53）年10月から正面列車名表示が絵入り
となり、「雁」（かり）が雁行（がんこう）するさまが描かれている。「かり」は「ガン」の別称で、雁行とは「かり」が並んで飛
ぶことをさす。◎久喜～栗橋　1979（昭和54）年7月　撮影：太田正行

前面非貫通のクハ481-300番台を先頭に
した485系6両編成の上り「はつかり」。
「はつかり」はフルムーンパスなどでグ
リーン車の需要もかなりあるため、ＪＲ
発足後、1987（昭和62）年10月から485
系にもグリーン車（クロハ481-1000番
台）が順次連結され、青函トンネル開通の
1988（昭和63）年3月改正時から485系
「はつかり」全列車にグリーン車が連結さ
れた。
◎滝沢〜渋民　1985（昭和60）年3月
撮影：山田 亮

全盛時代をしのばせる583系12両編成の上り「はつかり」青森発盛岡行き。新幹線接続特急になった「はつかり」は485系が普通車だけの6両編成。583系がグリーン車連結の9両編成（多客期は12両編成）となった。
◎滝沢～渋民　1985（昭和60）年3月
撮影：山田 亮

十三本木峠のトンネルを抜け勾配を下る
国鉄カラーの485系「はつかり」。1996（平
成８）年から「はつかり」485系のリニュー
アル（更新）が開始され、順次485系3000
番台となった。
◎小繋～奥中山　1995（平成７）年７月
撮影：山田 亮

野辺地へ到着する485系8両の上り「はつかり20号」（青森14：53～盛岡17：08）。最後部は半室グリーン車のクロハ481-1000番台。すでに「はつかり」の大部分は485系1000番台を更新（リニューアル）した485系3000番台になっており、国鉄色の485系「はつかり」は珍しかった。写真右側に東京起点697kmのキロポストが見える。
◎野辺地　1999（平成11）年8月
撮影：太田正行

485系3000番台の函館行き「はつかり5号」（盛岡10:19～函館14:38）。485系1000番台および3000番台の一部は青函トンネル用ATC（ATC-L）を装備し、青函トンネル内で140km /h運転を行った。盛岡～函館間は380.0kmで昼行特急としてはかなりの長距離運転だった。◎滝沢～渋民　2002（平成14）年9月　撮影：太田正行

E751系の上り「スーパーはつかり8号」（青森発8時42分）。2000（平成12）年3月改正時から交流専用のE751系6両編成が3本投入され、「スーパーはつかり」として運行された。E751系は青函トンネル用ATCを搭載しないため、函館乗り入れ列車には使用されず、盛岡～青森間だけで運行された。◎渋民～滝沢　2002（平成14）年9月　撮影：太田正行

E751系6両編成の上り「はつかり」。盛岡方はクハE751形。正面前照灯の下に「Hatsukari」と表示される。
◎岩手川口　2002（平成14）年9月　撮影：太田正行

485系3000番台の「はつかり9号」青森行き（盛岡12:41〜青森14:56）。485系1000番台をリニューアル（更新）した485系3000番台は正面のイエローがアクセントで、前面列車名表示がLED化されている。先頭は半室グリーン車のクロハ481-3000番台。◎岩手川口　2002（平成14）年9月　撮影：太田正行

485系3000番台の下り「はつかり5号」盛岡発函館行き。1996（平成8）年4月から「はつかり」は順次485系3000番台になった。最後部（手前側）はクロハ481-3000番台。写真左側後方が蟹田港で、対岸の下北半島脇野沢へのフェリーが発着する。このあたりの海岸は北海道南部と似た光景である。
◎瀬辺地〜蟹田
2002（平成14）年7月
撮影：山田 亮

上り函館発盛岡行き「はつかり22号」と「きらきらみちのく八戸号」。「きらきらみちのく」はキハ48形を改造した3両編成の観光列車（キハ481505-キハ481534-キハ481506）。485系3000番台は2002（平成14）年12月の東北新幹線八戸開業後も「白鳥」と名を変えて八戸〜函館間特急として活躍した。◎蟹田　2002（平成14）年7月　撮影：山田 亮

津軽今別ですれ違う国鉄色485系8両の「はつかり5号」盛岡発函館行き（左）と客車快速「海峡8号」函館発青森行き（右）、津軽今別発13時38分。最後部は50系客車の北海道向けオハ51に冷房を取り付け、津軽海峡線向けに改造したオハ51形5000番台。◎津軽今別　1995（平成7）年7月　撮影：山田 亮

1967（昭和42）年９月30日、常磐線蒸気列車最終日の上り急行「第１みちのく」を牽引するＣ62 22（平機関区）。前部に「さようなら蒸気機関車」の装飾がある。機関車次位は青色のスハフ42、スハ43が続く。
◎仙台　1967（昭和42）年９月30日　撮影：大山 正

水戸駅に停車中の上り「みちのく」。前面の列車名表示は「みちのく」（東北地方の別名）にちなんで「こけし」が描かれている。
◎水戸　1980（昭和55）年２月　撮影：山田 亮

第2章
「はつかり」「みちのく」の
写真記録

C61 2（仙台機関区）牽引の上り特急「はつかり」。スハ44を1両増結した9両編成で食堂車はマシ35形である。松島湾に沿って走る区間で仙石線（もと宮城電気鉄道）が並行し、後方に架線柱が見える。戦時中に勾配緩和のために岩切〜塩釜〜品井沼間の「海岸線」が開通し、「はつかり」「みちのく」はこの海岸線を通過した。新松島は1962（昭和37）年7月1日に松島と改称。旧線（山線）にあった（旧）松島は同日付で廃止された。◎新松島〜北塩釜信号場　1958〜1959年頃　撮影：柏木璋一

「はつかり」

前日のディーゼル「はつかり」の大甕付近での故障により、急遽運転されたC62 20（尾久機関区）牽引の客車「はつかり」が
上野駅8番線を発車。ディーゼル化当初の「はつかり」は客車時代と同じ上野～青森間11時間30分（下りは11時間20分）運
転だったから、「客車代行」も可能だった。◎上野　1960（昭和35）年12月18日　撮影：荻原二郎

乗車口11番

8

ディーゼル化直前のC62 22（田端機関区）牽引の下り客車「はつかり」が上野駅の8番線に停車中。今なら「鉄道ファン」が集まり、ホームはたいへんな人だかりとなるが、当時は撮影者は少なく数えるほどだった。
◎上野　1960（昭和35）年
撮影：矢崎康雄

三河島を通過するC62 19（尾久機関区）牽引の下り特急「はつかり」。所定8両のところ、2等車スハ44を増結して9両になっている。この付近は東京東部の住宅と町工場の混在地域である。◎三河島　1960（昭和35）年11月13日　撮影：荻原二郎

荒川鉄橋を渡るC62 7（尾久機関区）牽引の下り特急「はつかり」。対岸に東京電力千住火力発電所の「千住のお化け煙突」が見える。見る場所によって煙突が1本から4本に変化するのでその名があり、常磐線からもよく見えた。
◎北千住～綾瀬
1960（昭和35）年9月18日
撮影：荻原二郎

下り特急「はつかり」最後部からスハフ43、1等車ナロ10、食堂車オシ17の順である。編成前半には「つばめ」「はと」から転用された緑色（通称青大将）のスハ44が入っている。スハフ43は車掌室がデッキの外側にあるオリジナルタイプで、1953（昭和28）年から山陽「かもめ」に使用され、現在では2両（スハフ43 2、3）が大井川鉄道で動態保存されている。この先の東武鉄道との交差付近で、1949（昭和24）年7月に下山事件が発生した。
◎北千住～綾瀬
1960（昭和35）年9月18日
撮影：荻原二郎

仙台市内を行くC62 38（尾久機関区）牽引の上り特急「はつかり」。翌年1961（昭和36）年3月の福島〜仙台間交流電化に備えて架線柱が建っている。◎仙台　1960（昭和35）年11月25日　撮影：大山 正

仙台で「はつかり」の機関車交換のために入れ換えをするＣ62 11（尾久機関区）。仙台駅構内は1957（昭和32）年９月に仙山線が交流電化され、構内の一部に架線が張られた。◎仙台　1958〜1959年頃　撮影：國分和夫

仙台駅を発車するC62 7（尾久機関区）牽引の上り特急「はつかり」。機関車次位は荷物車と２等車の合造車スハニ35形。「はつかり」の仙台～上野間は尾久機関区のC62が約363kmをロングランした。
◎仙台　1960（昭和35）年11月3日　撮影：大山 正

C61 15（仙台機関区）牽引で仙台に到着する上り特急「はつかり」。約1か月後の12月10日から「はつかり」はディーゼル化
された。仙台機関区のC61は青森〜仙台間約388kmをロングランした。構内の時計は11時15分を指し定時到着である。客車「は
つかり」は1959（昭和34）年9月22日から30分スピードアップされ、上りは仙台着11時15分、仙台発11時20分になった。
◎仙台　1960（昭和35）年11月3日　撮影：大山 正

仙台駅構内での上り特急「はつかり」の機関車交換風景。青森から牽引してきたC61が切り離され、上野まで牽引するC62と
交代する。右側（駅東側）には車両基地（客車区、機関区）が広がっていた。上り「はつかり」は1958（昭和33）年10月の運転
開始から翌1959年9月21日までは仙台着11時30分、仙台発11時35分だった。
◎仙台　1958〜59年頃　撮影：國分和夫

仙山線との交差地点を行くC61 25（仙台機関区）牽引の上り特急「はつかり」。オーバークロスする仙山線は1957（昭和32）年9月に交流電化され架線が張られている。この地点の後方に1963（昭和38）年10月、仙台運転所（現・仙台車両センター）が開設された。◎東仙台～仙台　1958～59年頃　撮影：國分和夫

1958（昭和33）年6月24日に行われた東北特急の試運転。C61 15（仙台機関区）が客車8両と試験車2両を牽引、仙台駅下り
1番線に停車中。国鉄関係者、マスコミ、見物人でホームは黒山の人だかり。この試運転は上野〜仙台間は尾久機関区のC62
37が牽引した。◎仙台　1958（昭和33）年6月24日　撮影：柏木璋一

岩切を通過して七北田川鉄橋を渡るC61 5（仙台機関区）牽引の上り特急「はつかり」。
◎岩切　1960（昭和35）年5月　撮影：國分和夫

C61 8（仙台機関区）牽引の上り特急「はつかり」。キロポストは502km（東京起点）なので、二枚橋〜花巻間になる。C61のスノープローに雪がこびりつき北国の特急らしい。客車時代の「はつかり」は盛岡〜一ノ関間90.3kmを1時間24分で走り、区間速度64.5km/h。二枚橋は1988（昭和63）年3月13日に花巻空港と駅名改称された。
◎二枚橋〜花巻　1959〜1960年頃　撮影：佐竹保雄

快適な
ディーゼル 特急 上野
はつか
12

「はつかり」が発車する上野駅高架7・8番線での「ディーゼル特急はつかり号運転開始」の看板。
◎上野　1960（昭和35）年12月10日　撮影：荻原二郎

上野駅高架ホームへの階段に取り付けられた「はつかり号運転開始」の看板。
◎上野　1960（昭和35）年12月10日
撮影：荻原二郎

上野駅８番線でのディーゼル化初日の「はつかり」出発式。くす玉が用意され、線路際には鳩の入った籠が並び、発車と同時に鳩が飛び立つ準備がされている。◎上野　1960（昭和35）年12月10日　撮影：荻原二郎

上野駅8番線での「はつかり」案内表示と3号車（1等車）付近で旅客案内をする列車給仕。ディーゼル化当初、上野発は客車時代と同じく12時30分発だったが、1961（昭和36）年3月から45分スピードアップして13時15分発になった。ホームには「快適なディーゼル特急はつかり号運転」の飾り付けがある。◎上野　1960（昭和35）年12月　撮影：矢崎康雄

出発式を終えて発車するディーゼル化初日の「はつかり」。先頭のヘッドサインは装飾されている。
◎上野　1960（昭和35）年12月10日　撮影：荻原二郎

ディーゼル化翌年、初夏を迎えた頃の下り「はつかり」。初期故障は依然として続き、1962（昭和37）年5月28日には奥中山付近で故障が起き、尾久客車区検修陣の奮闘が昼夜の別なく続いていた。左側の5番線には東北本線・高崎線の湘南型80系電車が停まっている。◎上野　1961（昭和36）年5月27日　撮影：荻原二郎

「はつかり」キハ81系運転台付近のプロフィール。前部ボンネット内にはディーゼル発電機を搭載し、運転台直後の機器室には放熱器などがあった。電車特急と同様にJNRマークが輝いている。◎上野　1960（昭和35）年12月　撮影：矢崎康雄

「はつかり」キハ80系の空気ばね台車DT27型。◎上野　1960（昭和35）年12月　撮影：矢崎康雄

キハ81系「はつかり」の列車名と行き先を表示した「横サボ」。「サボ」は鉄道用語でサイドボードの略。
◎上野　1968（昭和43）年7月　撮影：山田 亮

日暮里を通過して終着駅上野へ近付く上り特急「はつかり」。日暮里〜上野間は10線が並び、写真左奥に鶯谷駅と山手線72系
電車が見える。背後には寛永寺の境内が広がっている。◎日暮里〜上野　1961（昭和36）年6月　撮影：矢崎康雄

先頭に飾り付けのあるディーゼル化初日の
特急「はつかり」。ディーゼル化当初の上野
～青森間は客車特急時代と同じく11時間30
分運転で、下り上野発12時30分、上り上野
着16時30分だった。右側には使われなく
なった東北本線列車ホームが残っていた。
◎日暮里　1960（昭和35）年12月10日
撮影：矢崎康雄

日暮里を通過するディーゼル化初日の特急「はつかり」。初日だがファンの姿は少なかった。
◎日暮里　1960（昭和35）年12月10日　撮影：矢崎康雄

荒川鉄橋を渡る上り特急「はつかり」。背後に東武鉄道の鉄橋が見える。現在はJR、東武の複々線、東京メトロ千代田線に、TX（つ
くばエクスプレス）の鉄橋も加わり、5本の鉄橋が荒川を渡り壮観である。
◎綾瀬〜北千住　1961（昭和36）年7月　撮影：矢崎康雄

常磐線直流区間の終点取手付近を行く下り特急「はつかり」。この先、藤代の手前（取手方）に交直接続のデッドセクション区間があるが、「はつかり」はディーゼルのため無関係にそのまま走り抜ける。写真手前の非電化の線路は常総筑波鉄道（現・関東鉄道）常総線。◎取手　1965（昭和40）年2月1日　撮影：矢崎康雄

松島湾沿いの海岸線は山が
迫っているためトンネルが断
続し、トンネルとトンネルの
間から松島湾が眺められた。
トンネルを出るキハ81先頭
の上り特急「はつかり」。東
海道本線に比べ風景が単調
な東北本線だが松島付近の
車窓風景は秀逸で乗客の眼
を楽しませた。
◎松島〜塩釜
1964（昭和39）年４月26日
撮影：大山 正

夕暮れの海沿いを走る下り特急「はつかり」。平（現・いわき）発16時07分であり、この場所は16時17分頃に通過する。日の短い季節であるため、当時のカメラ（フィルムカメラ）では光線状態が走行写真撮影にはギリギリで、高速シャッターが切れなかった。◎久ノ浜〜四ツ倉　1964（昭和39）年11月22日　撮影：尾台展弘

奥中山から勾配を快調に下り、御堂を通過するキハ81系上り「はつかり」。上り勾配では重厚なエンジン音を響かせるDMH17系エンジンの「はつかり」も、下り勾配はアイドリング運転で静かに下るので、接近に気付かないこともあった。保線作業者や「撮り鉄」にとって要注意だった。◎御堂　1968（昭和43）年7月　撮影：山田 亮

十三本木峠のサミットを越え、勾配を下り奥中山を通過するディーゼルの上り特急「はつかり」。
◎奥中山　1963（昭和38）年8月12日　撮影：大山 正

勾配を下り、御堂構内にさしかかるの上りディーゼル特急「はつかり」。先頭車キハ81は「こだま」と似たボンネット型だが
単線区間でのタブレット授受のため運転台がやや低く、独特の形状でブルドッグ型ともいわれた。
◎御堂　1968（昭和43）年7月　撮影：山田 亮

小鳥谷〜小繋間の旧滝見信号場付近を上り特急「はつかり」。DMH17系エンジンのキハ80系は特急といえども25‰の急勾
配区間ではエンジン音を付近の山々に響かせ、40㎞/h位でゆっくりと登った。東北本線盛岡〜青森間電化直前の1968（昭和
43）年夏の撮影で架線が張られている。「はつかり」は同年9月9日（上りは10日）から583系電車になった。
◎小鳥谷〜小繋　1968（昭和43）年　撮影：大山 正

東京駅から姿を消した北国の名優「はつかり」。東海道新幹線ホーム増設工事で在来線ホーム（14、15番線）が新幹線に転用されることになり、在来線ホームが縮小された。それに伴い、東北本線、常磐線、上越線、信越本線の列車の東京駅乗り入れが、1973（昭和48）年3月末日限りで中止された。右側に京浜東北線の103系電車が見える。
◎東京　1973（昭和48）年3月　撮影：山田 亮

上野駅15番線7時30分発583系「はつかり1号」と16番線8時00分発485系「ひばり2号」の並び。写真左側の13～15番線は、高架11～12番線ホーム（常磐線国電ホーム）の下で薄暗かった。
◎上野　1978（昭和53）年2月
撮影：山田 亮

上野駅の地平17番線で発車を待つ8時05分発「はつかり1号」。1970（昭和45）年10月改正時から朝上野発、夜上野着の「はつかり」が増発され3往復になり、首都圏在住者にとって東北北部へのビジネスや十和田湖方面への観光が便利になった。右側16番線は485系の8時発「ひばり2号」仙台行き。◎上野　1973（昭和48）年3月　撮影：山田 亮

1972（昭和47）年3月改正時から「はつかり」1往復（下り2号、上り3号）が東京駅発着になった。東京駅7番線を10時55分に発車する「はつかり2号」。東京駅国電ホーム（1〜6番線）と列車ホーム（7〜15番線）の間には段差があった。◎東京　1972（昭和47）年7月　撮影：山田 亮

上野駅の地平ホームで近郊型115系。401系電車と並ぶ10時15発「はつかり1号」。先頭はクハネ581形である。「はつかり」
手前の16番線には451系の勝田発水戸線経由上野行き急行「つくばね」が到着している。「つくばね」は水戸線から東北本線
への短絡線を経由するため小山を経由せず、間々田で合流した。◎上野　1970（昭和45）年3月　撮影：山田 亮

上の写真と同様に上下線が分かれた区間
を行く上り「はつかり1号」（青森発4時
50分）。
◎金谷川～松川
1974（昭和49）年5月
撮影：山田 亮

東京起点263kmポスト付近を行く485系
の上り「はつかり」。この付近では上下線
が分かれている。
◎金谷川〜松川　1974（昭和49）年5月
撮影：山田 亮

青森を早朝に出発した上り「はつかり１号」。２両目のサロ581は雪をかぶっている。右側の線路は単線の常磐線。
◎岩沼〜槻木　1978（昭和53）年３月　撮影：山田 亮

福島・宮城県境の越河峠を越える583系特急「はつかり1号」。越河峠は蒸気機関車時代は難所だったが、電化後は運転上の困難はなくなった。貨物列車はED71またはED75が重連で牽引した。◎越河〜白石　1973（昭和48）年8月　撮影：山田 亮

馬淵川鉄橋を渡る上り583系特急「はつかり」。トンネルを抜けると目時駅である。この付近では東北本線は馬淵川と何度も交差する。
◎三戸〜目時　1974（昭和49）年5月
撮影：山田 亮

D51三重連、C60・C61重連の「古戦場」
である御堂～奥中山間の吉谷地カーブを
行く下り「はつかり1号」。上野を8時05
分に発車してから6時間30分、14時35分
過ぎに「はつかり1号」はこのカーブに
さしかかる。国道4号がカーブに平行して
いる。
◎御堂～奥中山　1973（昭和48）年8月
撮影：山田 亮

中尊寺（写真左側後方）と北上川に挟まれた平坦地を行く上り特急「はつかり1号」。青函連絡船夜行便から接続して青森を4時50分に発車した「はつかり1号」が、中尊寺の森を望むこの付近にさしかかるのは朝8時頃で、夏の強い太陽光線が編成全体を照らしている。
◎前沢〜平泉　1974（昭和49）年8月
撮影：山田 亮

写真後方に見える目時駅を通過して青森・岩手県境の馬淵川橋梁を渡る485系上り「はつかり」。485系「はつかり」は1973（昭和48）年3月に臨時列車（毎日運転）として登場した。目時〜金田一間は東北本線複線化の際に新たにトンネルが掘られ、路線が変更された。◎目時〜金田一　1974（昭和49）年5月　撮影：山田 亮

SL時代は蒸気機関車が重連、三重連であえぎながら登った急勾配を583系「はつかり」は高速で走り抜ける。写真左側を国道4号が並行している。◎小鳥谷〜小繋　1974（昭和49）年8月　撮影：山田 亮

青森・岩手県境に近付く485系の上り「はつかり」。先頭は前面貫通型のクハ481-200番台。現在この区間は地域輸送主体の「青い森鉄道」が運行している。◎三戸～目時　1974（昭和49）年５月　撮影：山田 亮

八戸に到着する上り583系「はつかり5
号」（青森14：25〜上野22：56）。仙台
着18：51であるため東北北部から仙台へ
の乗客が多かった。
◎八戸　1978（昭和53）年3月
撮影：山田 亮

雪の八戸を発車する485系上り「はつかり」。最後部は正面非貫通のクハ481-300番台。北国の３月上旬はまだ冬が続いている。
◎八戸　1978（昭和53）年３月
撮影：山田 亮

季節急行「十和田2号」(上野20：00〜青森8：15、この日は寝台列車で修学旅行団体が乗車)牽引のED75 110(長町機関区)
と並ぶ9時05分発の上り「はつかり2号」。右側のホーム柱に「あぶないデッキ乗車はやめてみんなでドアをしめましょう」
との注意書きがある。旧型客車はドアが手動で危険きわまりなかった。◎青森　1971(昭和46)年7月　撮影：山田 亮

青森駅2番線ホームで発車を待つ9時05分発上り「はつかり2号」。青森駅のホームは長く、青森駅改札口から連絡船乗り場まではホームを長々と歩き約10分を要した。◎青森　1971（昭和46）年7月　撮影：山田 亮

粉雪舞う青森に到着した「はつかり1号」（上野7：00〜青森16：01）雪まみれの姿が苦闘を物語る。
◎青森　1978（昭和53）年2月　撮影：山田 亮

「はつかり」の食堂車サシ581-13の車内。時計は16時をさしている。東北特急（昼行）の大部分で食堂車が営業し、ほぼ満席だった。◎1973（昭和48）年8月　撮影：山田 亮

「はつかり」のモハネ582- 8車内。寝台が収納されているが、低屋根部分は荷物棚や寝台の形状が異なっている。昼間時の座席はシートピッチ1,900mmで、かつての「並ロ」オロ40形客車や湘南電車サロ85、横須賀線サロ75とほぼ同じだったが、向い合せ座席で「特急らしくない」と評判は良くなかった。◎上野 1978（昭和53）年3月 撮影：山田 亮

「はつかり」12号車サハネ581-19の車内。寝台が収納された状態で並んでいる。
◎上野　1973（昭和48）年３月　撮影：山田 亮

「はつかり」の補助列車、指定席急行「くりこま」

東北の中心都市仙台は札幌、函館はじめ北海道各地との交流は多いが、仙台～札幌間の日着が可能になったのは1968（昭和43）年10月の「43－10」改正時からである。それまでは下り仙台発6時05分の急行「第4十和田」、上り仙台着0時23分の急行「第2十和田」利用で仙台～札幌間「日着」はかろうじて可能だったが、仙台での有効時間帯を外れており一般的ではなかった。1968年10月改正時の連絡時刻は次の通りであるが、仙台～青森間は下りがディーゼル急行、上りが客車急行である。

（下り）

仙台7:40（急行くりこま1号）青森14:01/14:30（青函23便）函館18:20/18:40（急行すずらん5号）札幌23:27

（上り）

札幌7:30（特急北斗1号）函館11:55/12:15（青函22便）青森16:05/16:43（急行十和田3号）仙台22:51

東北本線全線電化が完成したとはいえ、仙台～青森間は急行で約6時間を要し、特急「はつかり」の4時間20分台との差は大きかった。下り札幌着23時27分は市電、バスの終車発車後であり、上り仙台着22時51分は23時発の仙石線東塩釜行終電にようやく接続し、夜の早い地方都市の感覚では「深夜」だった。

1972（昭和47）年3月15日のダイヤ改正で列車史上画期的な全車指定席の電車急行が出現した。初の盛岡以北を走る電車急行として仙台～青森間急行「くりこま」が2往復登場したが、うち下り1号、上り2号が全車指定席の速達型でこの区間を下り上りとも4時間45分（16駅停車、表定速度81.6km /h）で走り、仙台～青森間の日帰りを可能にし、仙台～札幌間でも無理のない時間帯での日着を可能にした。当時、東北と北海道を結ぶ飛行機は仙台～札幌（千歳）間にANAが1往復（B727）だけで、ほとんどが国鉄利用だった。この列車を利用した仙台～札幌間連絡時刻は次の通りである。

（下り）

仙台7:00（急行くりこま1号）青森11:45/12:05（青函21便）函館15:55/16:15（特急北斗2号）札幌20:38

（上り）

札幌7:35（特急北斗1号）函館11:55/12:15（青函22便）青森16:05/16:30（急行くりこま2号）仙台21:15

「はつかり」は仙台～青森間で4時間24分（6駅停車）であり、速達型「くりこま」は停車駅の違いを考慮すると ほとんど同じ速度で走っていたことになり、「はつかり」の補助列車ともいえる存在であった。東北本線電車特急の最高速度は全線120km /hに対し、電車急行の最高速度は宇都宮以南110km /h、宇都宮以北100km /hであるが、速達型「くりこま」（下り1号、上り2号）は定員制の「高性能優等列車」として最高速度110km /hだったからである。なお、一部指定席の「くりこま」（下り2号、上り1号）は定員制ではないため最高100km /hで所要5時間10分（19駅停車）である。この「くりこま」は2往復とも455系6両編成（多客期は9両）であるが、時刻表巻末の列車編成案内には掲載されていない。表定速度80km /hを超える急行は1971年7月運転開始の札幌～旭川間711系「さちかぜ」（83.7km /h）があったが、最高速度100km /h、「止まらないだけ」で90～100km /hで淡々と走りスピード感はそれほどでもなかった。それに対し「くりこま」は特急車より重心が高いせいかカーブでの揺れが激しく、スピード感満点だった。

1978（昭和53）年10月改正で「はつかり」など昼行定期特急すべてに自由席が設けられたが、速達型「くりこま」（1、6号）は国鉄唯一の全車指定席列車として残った。1980（昭和55）年10月改正で、ついに「くりこま」（1、6号）に自由席が設けられ、仙台～青森間がスピードダウン（下り4時間58分）となった。仙台～札幌間日着は変わらないが、下りは北海道内の接続が「改悪」され札幌着23時25分となった。1980年時点では仙台、花巻、三沢～札幌間、仙台～函館間に飛行機が就航し、運賃格差も縮まって国鉄利用が減ったことも背景にあろう。「くりこま」は1982（昭和57）年11月15日改正で廃止された。

奥中山を過ぎ、勾配の頂点である十三本木峠へのトンネルに向かう455系6両の全車指定席急行「くりこま1号」。
◎奥中山～小繋　1973（昭和48）年8月
撮影：山田 亮

まだ冬が続く3月初めの東北北部を快走する、最高速度110km/hの455系全車指定席急行下り「くりこま1号」。この列車は特急とほとんど変わらない高速運転で、仙台～札幌間日着を可能にした。◎下田～向山　1978（昭和53）年3月　撮影：山田 亮

「みちのく」

C62 39（平機関区）牽引の下り臨時急行「第3みちのく」（手前側）と交換する、C62 49（平機関区）牽引の上り急行「第1み
ちのく」（左）。「第1みちのく」には1等車と食堂車（オシ17）が連結されている。
◎日立木　1967（昭和42）年8月4日　撮影：大山 正

平（現・いわき）でC62に交代し、常磐線非電化区間へ向かう急行「第2みちのく」。常磐線全線電化は1967（昭和42）年10月
である。◎平（現・いわき）1966（昭和41）年12月　撮影：堀川正弘

原ノ町で乗務員が交代し、給水を行う上り急行「みちのく」牽引のC62 49（平機関区）。
◎原ノ町　1964（昭和39）年9月11日　撮影：大山 正

電化間近の平（現・いわき）でEF80から交代した急行「第2みちのく」（客車）を牽引するC62 37（平機関区）。C62 37は尾
久機関区に所属していた時に列車番号表示装置が前部に設置されており、その台座が前面煙室トビラ下に残っている。
◎平（現・いわき）　1967（昭和42）年4月　撮影：大山 正

太平洋に沿った常磐線北部を走るC62、C60重連牽引の上り急行「みちのく」。常磐線は海沿いの区間が意外と少ないが、この付近は数少ない海沿いの区間で、「今は山中、今は浜」の車窓が展開する。
◎久ノ浜〜四ツ倉　1964（昭和39）年11月22日　撮影：尾台展弘

岩切を通過するC61 1（青森機関区）牽引
の上り急行「みちのく」。C61の煙突には
屏風のような除煙板があり、東北地方の
SLの特徴だった。
◎岩切　1963（昭和38）年11月14日
撮影：大山 正

C61 1（青森機関区）牽引の下り急行「み
ちのく」。客車13両の長大編成で、後ろか
ら4両目に食堂車（スシ28かスシ48）を
連結している。2等車はスハ43系主体で
ある。仙台以北の電化に備え、架線柱（電
化ポール）が建ち始めている。
◎岩切〜陸前山王
1963（昭和38）年11月14日
撮影：大山 正

C61 26（仙台機関区）牽引で仙台を発車する下り急行「みちのく」。1956（昭和31）年11月改正時は仙台発15時57分だが、構内の時計は16時をさしている。当時の仙台駅ホームは3面5線で、下り1番線は京都駅と同様に改札の反対側にホームがあった。仙山線電化は1957（昭和32）年9月だが、構内に架線が張られておらず、撮影はそれ以前である。駅裏側に機関区、客車区があり、当時の仙台駅の状況がわかる貴重な写真である。◎仙台　1956〜1957年頃　撮影：亀谷英輝

盛岡から上り「みちのく」を牽引してきた
DD51 3（盛岡機関区）は下り「みちのく」
を牽引して折り返す。仙台機関区で待機す
るDD51 3とC60 3（盛岡機関区）。仙台機
関区は仙台駅の裏側（東側）にあり、ホーム
から扇型庫が眺められた。
◎仙台機関区
1964（昭和39）年3月15日
撮影：大山 正

仙台で「みちのく」編成の入換えをするC62
39（尾久機関区）。東北本線経由の急行「青葉」
の一部を仙台から「みちのく」に連結し、青森
まで運転された。後方に仙台機関区の給炭台
が見える。
◎仙台　1956～1957年頃
撮影：亀谷英輝

C61 9牽引の客車急行「みちのく」は、長距離急行にふさわしく1等車2両で食堂車も連結していた。駅長か助役が通過列車を監視している。右側の木造駅舎は今でも現役である。◎奥中山　1963（昭和38）年8月12日　撮影：大山 正

C62 38（平機関区）とC60が重連で牽引する上り急行「第１みちのく」。列車の手前に写るキロポストは332km（日暮里起点）なのでこの場所は浜吉田～亘理間になる。客車はスハフ42、スハ43、オロ61（２両）、食堂車オシ17の順であるが、「みちのく」の荷物車は1964（昭和39）年10月改正時から外されたので撮影はそれ以降となる。
◎浜吉田～亘理　1965 ～ 1966年頃　撮影：菊地清人

塩釜市街地に掘られたトンネルを出る
DD51 4（盛岡機関区）牽引の上り急行「み
ちのく」。この線は戦時中の1944（昭和
19）年11月15日に勾配緩和のために岩切
〜塩釜〜品井沼間に開通した海岸回りの
新線で「海岸線」と称された。岩切〜利
府〜品井沼間の在来線（山線）は1962（昭
和37）年4月20日に（旧）松島〜品井沼間
が廃止され、同年7月1日に利府〜（旧）
松島間が廃止された。
◎松島〜塩釜
1963（昭和38）年9月13日
撮影：大山 正

七北田川を渡るDD51 3（盛岡機関区）牽引の上り急行「みちのく」。DD51形ディーゼル機関車は1963（昭和38）年の秋から
盛岡機関区に配属され、急行列車を中心に牽引したが、性能が安定せずC61、C60と共通運用だった。
◎岩切　1964（昭和39）年3月15日　撮影：大山 正

1965（昭和40）年10月改正で「みちのく」はディーゼル（下り1号、上り2号）と客車（下り2号、上り1号）の2本立てになった。この列車は北海道連絡の本来の「みちのく」で、電化前はDD51が重連で牽引した。先頭の機関車から数えて6両目に食堂車オシ17形が連結されている。◎奥中山～御堂　1968（昭和43）年7月　撮影：山田 亮

1972（昭和47）年3月改正で「十和田1号」は特急に格上げされ、再び「みちのく」となった。岩沼で東北本線から分岐して常磐線へ入った上り「みちのく」。写真左側の線路は大昭和製紙（現・日本製紙）岩沼工場の専用線。
◎岩沼〜亘理　1978（昭和53）年3月　撮影：山田 亮

水戸を発車する上り「みちのく」。水戸〜上野間はノンストップ1時間19分（下りは1時間21分、1978（昭和53）年10月改正時の時刻）、現在はＥ657系「ひたち」で最短1時間05分である。写真右側には水戸客貨車区があり、水戸線・水郡線列車の客車が停まっている。
◎水戸　1980（昭和55）年2月
撮影：山田 亮

日立電鉄鮎川駅の横を走る下り「みちのく」。日立電鉄は2005（平成17）年3月末日限りで廃止された。鮎川駅のすぐ横を常磐線が通っていた。◎常陸多賀〜日立　1980（昭和55）年2月　撮影：山田 亮

奥中山へ向かって勾配を下る常磐線経由の「みちのく」は、青森を上り「はつかり1号」の3分後、4時53分に発車する。北海道連絡の最速列車「はつかり1号」の補助列車のような位置付けだった。
◎小繋〜奥中山　1973（昭和48）年8月　撮影：山田 亮

朝日をあびて走る上り特急「みちのく」。
青森〜仙台間は上り「はつかり1号」の
数分後にやって来る。この先には中尊寺
があり、中尊寺境内に続く森を車窓から眺
めることができる。
◎前沢〜平泉
1974（昭和49）年8月
撮影：山田 亮

十三本木峠のトンネルを抜け、奥中山へ向かって駆け下りる上り「みちのく」。先頭および最後部は1971（昭和46）年7月から
クハネ583形になった。画面後方に十三本木峠のトンネルが見える。
◎小繋〜奥中山　1973（昭和48）年8月　撮影：山田 亮

上野駅の地平ホーム18番線に到着するEF80 19（田端機関区）牽引の上り急行「十和田1号」。1968（昭和43）年10月改正で客車急行「みちのく」は「十和田1号」と改称されたが、食堂車を連結した長距離客車急行の形態は変わらなかった。左側17番線にはEF58 130（高崎第二機関区）牽引の臨時列車が到着している。◎上野　1969（昭和44）年2月　撮影：山田 亮

客車急行「みちのく」(下り2号、上り1号)は1968(昭和43)年10月「43-10」改正で十和田グループに統合され、下り上りとも「十和田1号」となった。上野駅17番線に停車中のEF80 9(田端機関区)牽引の「十和田1号」。3月中旬でホームは閑散としている。後方では大連絡橋が工事中。◎上野　1970(昭和45)年3月　撮影：山田　亮

急行「十和田1号」は平（現・いわき）でEF80からED75に交代しE75が青森まで牽引する。この日はED75 1007（青森機関区）が青森まで牽引した。右側は平発仙台行き普通223列車。◎平（現・いわき）　1970（昭和45）年３月　撮影：山田 亮

1972（昭和47）年３月改正で常磐線経由の客車急行「十和田1号」は電車特急に格上げされ「みちのく」となった。日暮里を通過する廃止数日前のEF80牽引「十和田1号」。日暮里構内はのちに東北新幹線が地下から地上へ顔を出し、風景は一変している。
◎日暮里　1972（昭和47）年３月
撮影：山田 亮

東北路の多層建てディーゼル急行

1968（昭和43）年10月「43-10」改正で、「みちのく」は上野〜鳴子、釜石経由宮古、花輪線経由弘前間の多層建てディーゼル急行の愛称になった。矢立峠の旧線を行く「みちのく」はキハ58系４両の弘前発編成。国道７号と並行して峠を越えていた。
◎津軽湯の沢〜陣場　1969（昭和44）年12月
撮影：山田 亮

常磐線を行くキハ58系ディーゼル急行。この列車は上野発11時の「ときわ５号」水戸行き（水郡線経由郡山行き「奥久慈１号」を併結）だが、「みちのく」も同じようなキハ58系の長大編成だった。1971（昭和46）年４月の常磐線複々線化以前は取手までは急行、中距離電車も国電と平行ダイヤでノロノロ運転だった。
◎三河島　1969（昭和44）年３月
撮影：矢崎康雄

仙台発青森経由秋田行きのキハ58系12両編成ディーゼル急行「むつ」。上野発着の東北本線経由「三陸」、常磐線経由の「みちのく」（下り1号、上り2号）もこのような長大編成だった。東北地方のディーゼル急行にはヘッドマークがなく、どの列車も同じような姿だった。◎奥中山〜小繋　1968（昭和43）年7月　撮影：山田 亮

8620形蒸気機関車が33‰急勾配を登る撮影名所の龍ヶ森を行く、上り弘前発上野行きディーゼル急行「みちのく」（後追い撮影）。前部（写真後方）4両が上野行き「みちのく」、後部（写真前方）2両が秋田発仙台行き「陸中」（大館〜盛岡間「みちのく」に併結、盛岡から山田線・釜石線経由）。龍ヶ森は1988（昭和63）年3月13日に安比高原と駅名改称された。
◎岩手松尾〜龍ヶ森（現・安比高原）1969（昭和44）年12月　撮影：山田 亮

急行「みちのく」「十和田1号」編成表

1950（昭和25）年10月1日、下り急行201列車

←上野	スユ30	スユ30	マイネ40	オロ40	スハシ37	オハ35	オハ35	オハ35	オロ40	オハ35	※オロ35	※オハ35	※オハフ33	青森→
					半室食堂							←仙台		青森→

（注）1号車の1等寝台車は青函連絡便で航送、函館−札幌間「大雪」に連結され青森間直通、仙台−青森間連結の2両（※）は上野−青森間北本線経由急行101列車に連結、翌11月から201列車は「みちのく」と命名され、1号車オロ40は特ロ（スロ50、51）となる。

1956（昭和31）年11月19日改正時

←上野	三 特ロ	ロ	シ	ハ	ハ	※ロハ	※ハフ	青森→
	スロ54		スシ28			仙台→	※仙台	青森→

（注）3等車はスハ43系主体、仙台−青森間連結の2両（※）は上野−仙台間東北本線経由「青葉」に連結

1961（昭和36）年10月1日改正時

←上野	三 指ロ	自ロ	シ	ハ	ハ	※ハ	※ハフ	青森→
	スロ54	スロ51	スシ28			上野→ 仙台青森	仙台盛岡	青森→

（注）2等車はスハ43系主体、仙台−青森間および仙台−盛岡間連結の客車（※）は上野−仙台間東北本線経由「青葉」に連結

1962（昭和37）年3月29日、下り急行「みちのく」

←上野	マニ60	スロ54	スロ51	スハ48	スハ43	オハ47	スハ43	スハ43	スハ43	※スハフ42	スハフ42	青森→
		指定席		自由席		食堂車		増結		仙台青森 仙台盛岡	3両増結	青森→

（注）仙台−青森間および仙台−盛岡間連結の客車（※）は上野−仙台間東北本線経由「青葉」に連結
（注）当日は多客期のため青森方3両は「青葉」連結の福島回転車2両をそのまま仙台から「みちのく」に連結し、盛岡回転車とともに青森まで運転されたと考えられる。

1965（昭和40）年10月1日改正時 下り「第1みちのく・陸中」上り「第2みちのく」

←上野	キハ58	キハ28	キハ58	キロ28	キハ58	キハ58	キハ58	キハ28	キハ58	キハ58	ハ7	キハ28	キハ58	大鰐→
	上野→	鳴子→「陸中」		指定席 自由席	上野→		青森→	大鰐		上野→「陸中」盛		盛岡 「うみねこ」久慈→		大鰐→

（注）上野−花巻間、盛岡−八戸間「うみねこ」併結

1965（昭和40）年10月1日改正時 下り「第2みちのく」上り「第1みちのく」

←上野	指ハ	指ハ	自ロ	シ	ハ	ハ	ハ	ハ	ハ	ハ7	青森→
	オロ61	オロ61	オシ17		上野→					盛岡→	青森→

（注）食堂車はスシ48の場合あり。2等車はスハ43系主体だがナハ10系が入る場合あり。

1968（昭和43）年10月1日改正時「みちのく」

←上野	キハ58	キハ28	キロ28	キハ58	キハ58	キハ58	キハ58	キハ28	キハ58	キハ58	弘前→
	指定席	鳴子→	半室指定席	指定席	宮古→		仙台→	弘前→	「陸中」	秋田→	弘前→

（注）盛岡−大館間「陸中」併結

1968 (昭和43) 年 10月 1日改正時 [十和田 1号]

←上野 | ハフ | ハ | 指ハ | 指ロ | シ | ハ | ハ | ハフ | 青森→

スロ62　オシ17

(注) 2等車 (1969年5月から普通車) はスハ43系主体だがナハ10系が入る場合あり。

1970 (昭和45) 年 3月 13日 下り急行 [十和田 1号]

←上野 | スハフ42 | オハ47 | オハ46 | スハ42 | オハ47 | ナハ11 | オハ46 | オハ47 | スロ62 | スハ43 | スハフ42 | 青森→

指定席　半車指定席　指定席　食堂車

1972 (昭和47) 年 3月 15日改正時 特急「みちのく」全車指定席

←上野 | クハネ583 | サロ581 | モハネ582 | モハネ583 | サシ581 | モハネ582 | モハネ583 | サハ581 | クハネ583 | 青森→

(注) 1978年10月改正時から青森方3両は自由席となる。

特急「はつかり」編成表

1958 (昭和33) 年 10月 1日改正時 客車特急「はつかり」

←進行方向 | スハニ35 | スハ44 | スハ44 | マシ35 | ナロ10 | スハ43 |

(注)「はつかり」運転開始は1958年10月10日。多客期はスハ44を1両増結、食堂車は後にオシ17となる。

1960 (昭和35) 年 12月 10日 ディーゼル化された「はつかり」

←上野 | キハ81 | キロ80 | キサシ80 | キハ80 | キハ80 | キハ80 | キハ81 | 青森→

(注) 1963年4月20日からキハ80を1両増結し10両編成化

1968 (昭和43) 年 10月改正時 電車化された「はつかり」

←上野 | クハネ581 | サロ581 | モハネ582 | モハネ583 | サシ583 | モハネ582 | モハネ583 | サハ581 | クハネ581 | 青森→

(注) 先頭車クハネ581は1970年7月からクハネ583に置き換え

1973 (昭和48) 年 3月 24日 (上り) から投入された 485系「はつかり」

←上野 | クハ481 | サロ481 | モハ484 | モハ485 | サシ481 | モハ484 | モハ485 | モハ484 | モハ485 | クハ481 | 青森→

1978 (昭和53) 年 10月 2日改正時 485系「はつかり」編成変更、自由席設定

←上野 | クハ481 | モハ484 | モハ485 | サロ481 | モハ484 | モハ485 | サシ481 | モハ484 | モハ485 | クハ481 | 青森→

自由席　自由席

1979 (昭和54) 年 10月 1日改正時 583系「はつかり」「みちのく」編成変更

←上野 | クハネ583 | モハネ582 | モハネ583 | サロ581 | モハネ582 | モハネ583 | サハ581 | クハネ583 | 青森→

自由席　自由席　自由席　自由席

【著者プロフィール】

山田 亮（やまだ あきら）

1953年生、慶応義塾大学法学部卒、慶応義塾大学鉄道研究会OB、鉄研三田会会員、
元地方公務員、鉄道研究家で特に鉄道と社会の関わりに関心を持つ。
1981年「日中鉄道友好訪中団」（竹島紀元団長）に参加し、北京および中国東北地区（旧満州）を訪問。
1982年、フランス、スイス、西ドイツ（当時）を「ユーレイルパス」で鉄道旅行。車窓から見た東西ドイツの国境に強い衝撃をうける。
2001年、三岐鉄道（三重県）70周年記念コンクール「ルポ（訪問記）部門」で最優秀賞を受賞。
現在、日本国内および海外の鉄道乗り歩きを行う一方で、「鉄道ピクトリアル」などの鉄道情報誌に鉄道史や列車運転史の研究成果を発表している。
（主な著書）
「上野発の夜行列車・名列車、駅と列車のものがたり」（2015、JTBパブリッシング）
「南武線、鶴見線、青梅線、五日市線、1950～1980年代の記録」（2017、アルファベーターブックス）
「常磐線、街と鉄道、名列車の歴史探訪」（2017、フォトパブリッシング）
「中央西線、1960年代～90年代の思い出アルバム」（2019、アルファベーターブックス）
「横浜線」「内房線」「外房線」「総武本線、成田線、鹿島線」街と鉄道の歴史探訪
（2019～2020、フォトパブリッシング）
「昭和平成を駆け抜けた長距離鈍行列車」「昭和平成を駆け抜けた想い出の客車急行」
（2020～2021、フォトパブリッシング）
「国鉄・JRの廃線アルバム 中国・四国編」「国鉄・JRの廃線アルバム 東北編」
（2021、アルファベータブックス）

【写真撮影】
岩沙克次、江本廣一、太田正行、大山 正、荻原二郎、尾台展弘、柏木璋一、
亀谷英輝、菊地清人、國分和夫、佐竹保雄、日比野利朗、堀川正弘、
矢崎康雄、安田就視、山田 亮

【校正】
加藤佳一

（参考文献）
猪口信「国鉄列車ダイヤ千一夜」交通新聞社新書
鉄道ピクトリアル、鉄道ファン、鉄道ジャーナルの関連記事

「みちのく」を牽引するC62のキャブ内。
機関士と機関助士の真剣な表情。
◎1967（昭和42）年9月18日
撮影：大山 正

国鉄優等列車列伝 第3巻
「はつかり」「みちのく」
上野～青森間を駆け抜けた昼行優等列車の記録

2022年3月5日　第1刷発行

著　者………………山田 亮
発行人………………高山和彦
発行所………………株式会社フォト・パブリッシング
　　　　　　　　　　〒161-0032　東京都新宿区中落合2-12-26
　　　　　　　　　　TEL.03-6914-0121 FAX.03-5988-8958
発売元………………株式会社メディアパル（共同出版者・流通責任者）
　　　　　　　　　　〒162-8710　東京都新宿区東五軒町6-24
　　　　　　　　　　TEL.03-5261-1171 FAX.03-3235-4645
デザイン・DTP………柏倉栄治（装丁・本文とも）
印刷所………………株式会社シナノパブリッシングプレス

ISBN978-4-8021-3316-6 C0026